LA COCINA ANTIGUA: COCINAR CON INGREDIENTES TRADICIONALES

Reviviendo la tradición a través de 100 ricos platos

Raul Garcia

Material con derechos de autor ©2023

Reservados todos los derechos

Ninguna parte de este libro puede usarse ni transmitirse de ninguna forma ni por ningún medio sin el debido consentimiento por escrito del editor y del propietario de los derechos de autor, excepto las breves citas utilizadas en una reseña . Este libro no debe considerarse un sustituto del asesoramiento médico, legal o de otro tipo profesional.

TABLA DE CONTENIDO

TABLA DE CONTENIDO 3
INTRODUCCIÓN 6
DESAYUNO Y BRUNCH 7
   1. Huevos Benedict con Salmón 8
   2. Quiche de tomate tradicional asado 10
   3. Waffles de pan de maíz y arándanos 13
   4. Panqueques de plátano y nueces 15
   5. Tostada francesa definitiva 17
   6. Rollitos De Canela Y Caramelo Y Nueces 19
   7. Galletas De Camote 22
   8. Camarones, Salchicha Andouille y Sémola 24
   9. Hash de pechuga 26
   10. Burritos de desayuno cajún 28
   11. Tortillas De Camarones Y Cangrejo 30
   12. Sémola cremosa con queso 32
BOCADILLOS Y APERITIVOS 34
   13. Deslizadores de camarones 35
   14. Rollitos de huevo criollos de cerdo y camarones 37
   15. Alitas Fritas De Pimienta Con Limón 39
   16. Hamburguesas Quattro Formaggi con zanahorias tradicionales 41
   17. Salsa De Maíz Picante 44
   18. Ceviche de bacalao, ahi y tomate tradicional 46
   19. Huevos Rellenos De Cangrejo Con Tocino 48
   20. Alitas de pavo Buffalo con aderezo de queso azul 50
   21. Salsa De Patatas Al Horno Cargada 52
   22. Hojas de nabo y mostaza con cerdo salado 54
   23. Nachos con chips de lino y salsa de tomate tradicional 56
   24. Repollo estofado con pavo ahumado 58
   25. Hamburguesas de cordero y harissa con zanahorias tradicionales 60
   26. Encurtidos fritos 62
   27. Croquetas De Salmón 64
   28. Pimientos Rellenos De Mariscos 66
   29. Churros con Azúcar de Jamaica y Jengibre 68
GUARNICIONES 71
   30. Judías verdes, patatas y tocino 72
   31. Pastel de tomate con queso 74
   32. Comida Macarrones con Queso 76
   33. Patatas batidas con queso 79
   34. Ñame confitado al horno 81
   35. Patatas asadas y salchichas 83
   36. Okra y tomates 85
   37. Frijoles Pintos Y Corvejones De Jamón 87
   38. Frijoles Rojos y Arroz 89
   39. Frijoles estilo comida 91

40. Frijoles Horneados 93
41. Aderezo de pan de maíz 95
42. Succotash 97
43. Pan De Maíz Dulce 99
44. Hush Cachorros 101
45. Arroz Rojo 103
46. Rollos de levadura desmenuzables 105

ENSALADAS Y ENSALADA DE COL 107
47. Ensalada Cobb de pollo a la parrilla 108
48. Tazas de ensalada de cangrejo 111
49. Ensalada Louie de camarones 113
50. Ensalada de guisantes de ojo negro 115
51. Ensalada de papa sureña 117
52. Ensalada De Macarrones Con Mariscos 119
53. Ensalada de col 121
54. Hojas de col 123
55. Ensalada de tomate tradicional y nectarina 125

SÁNDWICH Y WRAPS 127
56. Sándwich De Queso Pimiento Y Tomate 128
57. Queso Asado De Cangrejo Y Langosta 131
58. Cerdo desmenuzado a la barbacoa en olla de cocción lenta 133

SOPAS, GUISOS Y CURRY 135
59. Sopa de almejas, camarones y cangrejo 136
60. Estofado Brunswick 138
61. Gumbo 140
62. Étouffée de gambas 143
63. Estofado de Rabo de Toro 145

BARBACOA Y PARRILLA 147
64. Po'boys 148
65. Costillas BBQ Al Horno 150
66. Costillas Fritas 152
67. Costillas de Campo con Limón, Pimienta y Miel 155
68. Asado de cerdo relleno de ajo en olla de cocción lenta 157
69. Pechuga de res en olla de cocción lenta 159
70. Rabos de toro sofocados en olla de cocción lenta 161
71. Albóndigas envueltas en tocino 163

RED 165
72. Camarones fritos cajún y ostras 166
73. Salmón Ahumado 168
74. Bagre frito 170
75. Rollos de col rellenos de jambalaya 172
76. Espaguetis al horno 175
77. Filete De Pollo Frito Con Salsa De Salchicha 177
78. Chuletas de cerdo fritas 180
79. Gallinas de Cornualles 182
80. Lasaña de calabaza 184

81. Cazuela De Judías Verdes 186
82. Sopa de invierno con chirivía 188
83. Rollo De Espinacas Y Champiñones 190
84. Curry De Calabaza, Garbanzos Y Coco 192

POSTRE **194**

85. Zapatero de melocotón 195
86. Pastel de terciopelo rojo 197
87. Budín de Pan con Salsa de Ron 200
88. Zapatero de frutos rojos mixtos con galletas de azúcar 202
89. Barras fáciles de limón 205
90. Barras de natillas de huevo 207
91. Pastel de camote 209
92. Pastel de suero de leche a la antigua usanza 212
93. Pastel de chocolate con suero de leche 214
94. Bizcocho de limón y coco 217
95. Bizcocho de boniato 219
96. Pastel Bundt De Praliné 221
97. Tarta de queso al revés con piña 224
98. Arroz con leche 227
99. Pudín 229
100. Pastel de cangrejo, camarones y langosta 232

CONCLUSIÓN **234**

INTRODUCCIÓN

Bienvenido a "LA COCINA ANTIGUA: Cocinar con ingredientes consagrados", una obra maestra culinaria que lo invita a embarcarse en un viaje sensorial a través del rico tapiz de la historia culinaria. En un mundo donde las tendencias van y vienen, hay algo atemporal y profundo en los sabores que han resistido la prueba del tiempo: sabores que están entretejidos en el tejido de nuestra herencia culinaria colectiva. Este libro de cocina no es simplemente un compendio de recetas; es una celebración de las historias, tradiciones y sabores que se han conservado y transmitido con amor de generación en generación.

A medida que nos adentramos en el reino de "LA COCINA ANTIGUA", imagine una cocina llena de ecos de risas, susurros de secretos familiares y aromas que lo transportan al corazón de recuerdos preciados. Cada receta de esta colección es un testimonio de la resistencia de los ingredientes que han resistido las arenas del tiempo, llevando consigo las historias de los agricultores, los cocineros y las generaciones de familias que han nutrido y sostenido estos tesoros culinarios. En esta exploración culinaria, profundizamos en las raíces del sabor, descubriendo la esencia de ingredientes tradicionales que han sido cuidadosamente cultivados y transmitidos, a menudo de semilla en semilla. Este no es sólo un libro de cocina; es una experiencia de inmersión en el mundo del legado culinario, donde la alquimia de la cocina es una forma de arte que nos conecta con nuestras raíces y las tradiciones que definen nuestra identidad culinaria.

Ya sea que sea un chef experimentado o un novato en la cocina, "LA COCINA ANTIGUA" es su guía para cocinar con intención y saborear la profundidad de los sabores que solo los ingredientes consagrados pueden ofrecer. Únase a mí para redescubrir el placer de cocinar como un acto de contar historias, donde cada plato es un capítulo del libro de nuestra herencia culinaria. Entonces, que comience el viaje: un viaje a través de 100 platos ricos y sabrosos que cierran la brecha entre el pasado y el presente, conectándonos con los gustos que han dado forma a nuestras culturas y comunidades. Que tu cocina se llene no sólo del aroma de las ollas hirviendo sino también de los ecos de las historias contadas a través del lenguaje de la comida. Bienvenido a una cocina donde los ingredientes tradicionales no son solo componentes de una receta, sino portadores de tradición, sabor y el espíritu perdurable de la excelencia culinaria.

DESAYUNO Y BRUNCH

1. Huevos Benedict Con Salmón

Rinde: 8 porciones

INGREDIENTES:
- 4 muffins ingleses, partidos
- 1 libra de salmón ahumado
- 8 huevos escalfados
- Perejil fresco picado
- pimienta negra gruesa

PARA LA SALSA HOLANDESA :
- 1 yema de huevo
- 1 cucharadita de jugo de limón fresco
- 1 cucharada de agua
- 1 taza (2 barras) de mantequilla salada, derretida
- 2 chorritos de salsa tabasco
- ½ cucharadita de pimienta blanca molida
- 1 cucharadita de sal kosher

INSTRUCCIONES

a) Coloque los muffins ingleses en platos individuales, luego cubra cada uno con ¼ de libra de salmón ahumado y un huevo escalfado. Poner a un lado.

b) Agrega todos los ingredientes para la salsa holandesa en una licuadora, luego licúa los ingredientes hasta que estén bien combinados.

c) Rocíe la salsa holandesa por todos los huevos. Espolvorea perejil y pimienta negra encima, sirve y ¡a disfrutar!

2. Quiche de tomate tradicional asado

Rinde: 4 porciones

INGREDIENTES:
- 3 tomates tradicionales variados, sin semillas y en rodajas finas
- ½ paquete (14,1 onzas) de masas para pastel refrigeradas, llevadas a temperatura ambiente
- Harina para todo uso
- 4 huevos grandes
- 1 taza de leche entera
- ½ taza de cebolla morada picada (de 1 cebolla pequeña de 6 onzas)
- 1 cucharadita de sal kosher
- ¼ cucharadita de ajo en polvo
- ¼ cucharadita de pimienta negra
- 5 onzas de queso Colby-Jack, rallado (aproximadamente 1 ¼ tazas), dividido
- ¾ taza de tocino cocido y desmenuzado (aproximadamente 8 rebanadas), cantidad dividida
- cebolletas picadas

INSTRUCCIONES:
a) Precalienta tu horno a 350°F, colocando la rejilla en el tercio inferior del horno. Forre una bandeja para hornear de borde grande con papel de aluminio.
b) Coloque las rodajas de tomate en una sola capa sobre la bandeja para hornear. Ásalos en el horno precalentado hasta que adquieran un borde de color marrón claro, lo que debería tomar unos 30 minutos. Reserva los tomates asados pero mantén el horno encendido.
c) Mientras se asan los tomates, extienda la masa para pastel sobre una superficie enharinada hasta que forme una ronda de 12 pulgadas.
d) Coloque la masa extendida en un molde para pastel hondo de 9 pulgadas sin engrasar, presionándola contra el fondo y los lados del plato. Dobla el exceso de masa debajo de los bordes y riza como desees. Coloque la base en el congelador hasta que se enfríe, aproximadamente de 5 a 15 minutos.
e) En un tazón grande, mezcle los huevos, la leche, la cebolla morada picada, la sal kosher, el ajo en polvo, la pimienta negra, 1 taza de queso rallado y ½ taza de tocino desmenuzado hasta que la mezcla esté bien combinada.

f) Hornea la quiche a 350°F hasta que el relleno esté parcialmente cuajado, lo que debería tomar aproximadamente 25 minutos.

g) Retire con cuidado la quiche del horno y coloque uniformemente encima las rodajas de tomate asado. Espolvorea el ¼ de taza de queso restante y el ¼ de taza de tocino restante sobre los tomates.

h) Regrese el quiche al horno a 350°F y continúe horneando hasta que el relleno esté completamente cuajado y la corteza se dore, aproximadamente 20 minutos.

i) Deje que la quiche se enfríe un poco sobre una rejilla durante unos 30 minutos. Adorne con cebolletas picadas y sirva mientras aún esté caliente.

j) ¡Disfruta de tu delicioso quiche de tomate tradicional!

3.Waffles de pan de maíz y arándanos

Rinde: 4 a 6 porciones

INGREDIENTES:
- 1½ taza de harina para todo uso
- ½ taza de harina de maíz amarillo
- ¼ taza de azúcar granulada
- ½ cucharadita de sal kosher
- 1½ cucharadita de polvo para hornear
- 1¼ tazas de suero de leche
- 2 huevos, ligeramente batidos
- ½ taza (1 barra) de mantequilla sin sal, derretida
- ¾ taza de arándanos congelados, descongelados

INSTRUCCIONES
a) Precalienta tu plancha para gofres.
b) En un tazón grande, combine la harina, la harina de maíz, el azúcar, la sal y el polvo para hornear. Mezcla los ingredientes secos hasta que estén bien combinados.
c) En el centro de los ingredientes secos, haga un pequeño hueco. Agregue el suero de leche, los huevos y la mantequilla derretida. Mezclar con un batidor hasta que esté bien combinado. Luego incorpora los arándanos a la masa.
d) Rocíe la plancha para gofres con aceite en aerosol antiadherente. Coloque de 1 a 1½ tazas de masa en la plancha y cocine hasta que las partes exteriores estén agradables y crujientes. Repita hasta que no quede más masa. Sirve y disfruta con tus toppings favoritos.

4. Tortitas De Plátano Y Nueces

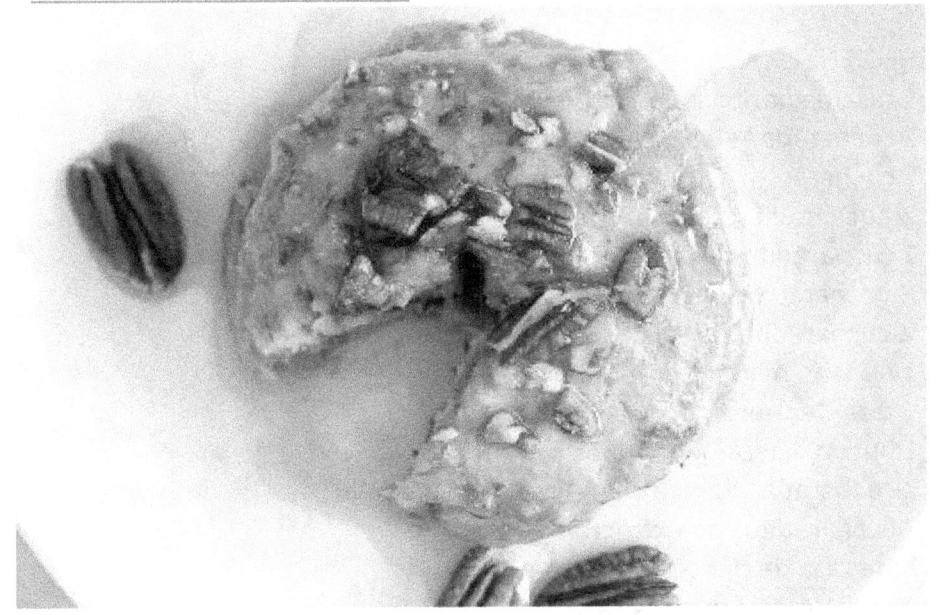

Rinde: 6 a 10 porciones

INGREDIENTES:
- 1 taza de harina para todo uso
- 2 cucharadas de azúcar moreno oscuro
- 1 cucharadita de polvo para hornear
- ½ cucharadita de bicarbonato de sodio
- 1 cucharadita de canela molida
- ½ cucharadita de nuez moscada molida
- ½ cucharadita de sal kosher
- 1 plátano maduro grande, triturado
- 1 taza de suero de leche
- 1 huevo, ligeramente batido
- 2 cucharadas de mantequilla sin sal, derretida
- 2 cucharaditas de extracto de vainilla
- ¼ de taza de nueces pecanas picadas
- Aceite vegetal, para la sartén.

INSTRUCCIONES

a) En un tazón grande, combine la harina, el azúcar, el polvo para hornear, el bicarbonato de sodio, la canela, la nuez moscada y la sal. Batir hasta que todo esté bien combinado, luego dejar el recipiente a un lado.

b) Luego, en un tazón mediano aparte, combine el puré de plátano, el suero de leche, el huevo, la mantequilla derretida y la vainilla. Mezclar los ingredientes con una batidora de mano hasta incorporar.

c) Haga un pequeño hueco en el centro de los ingredientes secos y vierta los ingredientes húmedos. Use una batidora de mano para mezclar los ingredientes nuevamente. Espolvoree las nueces y luego incorpórelas a la masa. Deja el tazón a un lado.

d) Engrasa ligeramente una sartén mediana y colócala a fuego medio. Cuando la sartén esté caliente, vierte aproximadamente ½ taza de masa para panqueques. Cocine hasta que los bordes estén dorados y se formen burbujas, aproximadamente 2 minutos. Voltee el panqueque y cocine por 2 minutos más. Repita hasta que no quede más masa. Sirve y disfruta con tus toppings favoritos.

5.Tostada francesa definitiva

Rinde: 12 porciones

INGREDIENTES:
- 3 huevos
- 2 tazas de leche entera
- 1 cucharada de azúcar moreno
- 1 cucharada de azúcar granulada
- 2 cucharaditas de extracto de vainilla
- 2 cucharaditas de canela molida
- ¼ cucharadita de nuez moscada molida
- ¼ taza de mantequilla sin sal, derretida
- 12 rebanadas de pan tostado francés o pan de molde grueso

INSTRUCCIONES

a) En un tazón o plato grande, abra los huevos y bátalos. Vierta la leche y agregue los azúcares, la vainilla, la canela y la nuez moscada. Revuelva para combinar, luego vierta la mantequilla derretida y revuelva nuevamente.

b) Comience a agregar de 1 a 2 rebanadas de pan a la vez a la mezcla de leche y huevo. Deje que cada rebanada permanezca en la mezcla húmeda durante unos 10 segundos.

c) Rocíe su sartén o plancha grande con aceite en aerosol antiadherente y colóquela a fuego medio. Una vez que la sartén/comal esté caliente, agrega el pan de 2 a 4 rebanadas a la vez. Cocine cada lado del pan hasta que esté bien dorado. Sirva inmediatamente con mantequilla, almíbar, azúcar en polvo o sus aderezos favoritos.

6.Rollos De Canela Y Caramelo Y Nueces

Rinde: 8 A 12 ROLLOS

INGREDIENTES:
PARA LA MASA:
- ½ taza de agua tibia
- Paquete de 0,75 onzas (6¾ cucharaditas) de levadura de acción rápida
- 2 cucharadas más 1 cucharadita de azúcar granulada, divididas
- 5 onzas de leche evaporada, tibia
- 5 cucharadas de aceite vegetal, y más para el bol
- 1 huevo batido
- 1 cucharada de extracto de vainilla
- 1 cucharadita de sal kosher
- 4½ tazas de harina para pastel

PARA EL LLENADO:
- 1¼ tazas (2½ barras) de mantequilla sin sal, a temperatura ambiente, y más para engrasar
- ½ taza de azúcar moreno
- ¼ taza de azúcar granulada
- 1 cucharadita de canela molida
- ½ cucharadita de nuez moscada molida

PARA EL GUISADO:
- 2 cucharadas de mantequilla sin sal, a temperatura ambiente
- 2 onzas de queso crema, a temperatura ambiente
- 3 cucharadas de leche entera
- 2 cucharaditas de extracto de vainilla
- 3 tazas de azúcar en polvo

ADORNOS :
- ½ taza de nueces picadas
- ½ a ¾ taza de salsa de caramelo, comprada en la tienda

INSTRUCCIONES

a) Vierta el agua tibia en un tazón grande para mezclar o en el tazón de una batidora, luego espolvoree la levadura y 1 cucharadita de azúcar. Mezcle hasta que esté bien combinado, luego déjelo reposar durante unos 7 minutos o hasta que la levadura forme espuma.

b) Luego, vierte la leche evaporada tibia y revuelve. Agrega el aceite vegetal, el huevo, la vainilla, la sal y las 2 cucharadas de azúcar restantes.

Mezcle los ingredientes a velocidad baja usando una batidora de mano o de pie con el accesorio de paleta.

c) Retire la paleta mezcladora y reemplácela con el gancho para masa. Con la batidora a velocidad baja, comience a agregar lentamente la harina, aproximadamente ¼ de taza a la vez. Una vez que se haya formado la masa, retírala del bol y déjala a un lado. Engrase ligeramente el bol, luego vuelva a colocar la masa y cúbralo con una toalla limpia. Pon la masa en un lugar cálido y déjala reposar durante 1½ horas.

d) Después de que la masa haya reposado, perfora el centro de la masa para eliminar el aire. Retire la masa del bol y transfiérala a una encimera ligeramente enharinada. Aplana la masa con un rodillo.

e) En un tazón grande, combine la mantequilla, el azúcar, la canela y la nuez moscada. Mezcle hasta que esté bien combinado, luego unte la mezcla de mantequilla sobre la masa. Enrolle la masa y luego córtela en 8 a 12 rollos.

f) Unte con mantequilla ligeramente una fuente para hornear de 9 por 13 pulgadas, luego agregue los panecillos, dejando una pulgada entre cada uno. Coloque una toalla limpia sobre el plato y deje reposar los panecillos durante 45 minutos. Pasado el tiempo, destapa los rollitos. En este punto, los rollos deberían haber aumentado de tamaño y deberían estar tocándose.

g) Precaliente el horno a 375 grados F.

h) Hornea los panecillos durante 15 a 20 minutos. Retirar del horno y dejar enfriar.

i) En un tazón mediano, combine la mantequilla y el queso crema y mezcle bien con una batidora de mano. Agregue la leche y la vainilla y revuelva para combinar. Luego agregue el azúcar en polvo y mezcle hasta que esté cremoso.

j) Rocíe el glaseado y la salsa de caramelo, luego espolvoree las nueces sobre los panecillos. ¡Sirve y disfruta!

7.Galletas De Camote

Rinde: 10 A 12 GALLETAS

INGREDIENTES:
- 2 tazas de harina con levadura
- 1 cucharada de azúcar granulada
- ½ cucharadita de crémor tártaro
- ⅛ cucharadita de sal kosher
- ½ taza (1 barra) de mantequilla fría sin sal, rallada (con un rallador de queso), y más para cubrir las galletas cocidas
- ½ taza de puré de batatas
- ¾ taza de suero de leche, frío
- Aceite vegetal, para engrasar

INSTRUCCIONES
a) Precalienta el horno a 400 grados F.
b) En un tazón grande para mezclar o en el tazón de una batidora de pie, combine la harina, el azúcar, el crémor tártaro y la sal. Tamizar o batir los ingredientes hasta que estén bien combinados. Agregue la mantequilla y el puré de camote y mezcle a velocidad media, usando una batidora de mano o de pie, durante aproximadamente 2 minutos. Comience a verter lentamente el suero de leche con la batidora a velocidad media. Mezclar hasta incorporar.
c) Una vez que se haya formado la masa, retírela del tazón y aplánela un poco (asegúrese de que tenga aproximadamente 1½ pulgadas de grosor) sobre una superficie ligeramente enharinada con un rodillo. Cortar la masa en 10 o 12 trozos.
d) Engrase ligeramente una fuente para hornear de 9 por 13 pulgadas y coloque las galletas en la fuente, dejando un pequeño espacio entre cada galleta. Coloca las galletas en el frigorífico durante 10 minutos para que la masa quede bien fría.
e) Retira del refrigerador y hornea las galletas de 12 a 15 minutos, o hasta que empiecen a dorarse. Una vez listo, unte las galletas con mantequilla mientras aún estén calientes. ¡Servir y disfrutar!

8.Camarones, Salchicha Andouille Y Sémola

Rinde: 4 porciones

INGREDIENTES:
- 3 tazas de agua
- 2 cucharaditas de sal kosher
- ¾ taza de sémola rápida
- 2 cucharadas de aceite de oliva virgen extra
- ½ libra de salchicha andouille, cortada en rebanadas de ½ pulgada de grosor
- ½ libra de camarones crudos grandes, pelados y desvenados
- 1 cucharadita de ajo picado
- ¼ de taza de cebollas verdes picadas y más para decorar
- 2 cucharaditas de condimento cajún
- ½ cucharadita de pimienta negra molida
- 3 cucharadas de mantequilla salada

INSTRUCCIONES

a) En una cacerola mediana a fuego alto, vierte el agua y la sal. Una vez que el líquido comience a hervir, inmediatamente baje el fuego a medio. Revuelva el líquido y espolvoree gradualmente la sémola. Deje que la sémola se cocine hasta que espese y se vuelva agradable y cremosa (generalmente de 30 a 35 minutos) y asegúrese de revolver con frecuencia.

b) Mientras se cocina la sémola, toma una sartén y rocía con aceite de oliva. Calienta el aceite a fuego medio-alto y luego agrega la salchicha andouille. Cocine de 5 a 7 minutos, o hasta que se dore, luego agregue los camarones, el ajo y las cebolletas. Espolvorea el condimento cajún y la pimienta negra.

c) Cocine por 5 minutos más, luego apague el fuego. Una vez que la sémola se haya espesado, agregue la mantequilla y revuelva.

d) Coloque la sémola en un plato, luego agregue la salchicha, los camarones y la cebolla encima. Adorne con cebollas verdes adicionales.

9.Hash de pechuga

Rinde: 6 porciones

INGREDIENTES:
- 6 tiras de tocino grueso
- ¼ taza de aceite vegetal
- 2¾ tazas de croquetas de patata congeladas, descongeladas
- 1 pimiento rojo mediano, cortado en cubitos
- 1 cebolla amarilla grande, picada
- 2 tazas de pechuga de res picada
- 1 cucharadita de ajo en polvo
- 1 cucharadita de sal kosher
- ½ cucharadita de pimienta negra molida
- ¼ de taza de cebollas verdes picadas

INSTRUCCIONES

a) Coloque una sartén grande a fuego medio y luego agregue el tocino. Cocine el tocino durante unos 5 minutos o hasta que esté agradable y crujiente. Retire el tocino de la sartén, pero deje la grasa extraída. Deja el tocino a un lado para que se enfríe.

b) Agrega el aceite vegetal a la sartén y deja que se caliente a fuego medio. Una vez que el aceite esté bien caliente, agregue las croquetas de patata. Cocine las patatas hasta que estén doradas y tiernas, normalmente unos 7 minutos.

c) Agrega los pimientos y las cebollas. Cocine por 5 minutos. Luego agregue la pechuga de res picada y espolvoree el ajo en polvo, sal y pimienta. Revuelve los ingredientes y deja cocinar por 7 minutos más.

d) Desmenuza el tocino que cocinaste antes y échalo en la sartén junto con las cebollas verdes. Mezclar los ingredientes y apagar el fuego. Sirve y disfruta con tus acompañamientos favoritos para el desayuno.

10.Burritos de desayuno cajún

Rinde: 6 porciones

INGREDIENTES:
- 2 cucharadas de aceite vegetal
- 1 libra de salchicha andouille, cortada en cubitos
- 1 taza de croquetas de patata congeladas, descongeladas
- 1 pimiento rojo grande, cortado en cubitos
- ½ cebolla morada mediana, picada
- 7 huevos batidos
- ½ taza de queso cheddar rallado
- ½ taza de queso pepper jack rallado
- 6 tortillas de harina grandes, calientes

INSTRUCCIONES
a) Coloque una sartén grande antiadherente o de hierro fundido bien sazonada a fuego medio y rocíe con aceite vegetal. Cuando el aceite esté caliente, echa la salchicha a la sartén y cocina hasta que se dore ligeramente.
b) Luego, agregue las croquetas de patata, los pimientos y la cebolla. Cocina todo de 4 a 5 minutos, o hasta que esté tierno. Retire los ingredientes de la sartén.
c) Vierta los huevos en la misma sartén y cocine hasta el punto deseado, luego retire los huevos de la sartén. Apaga el fuego.
d) En un tazón grande, combine los huevos con los demás ingredientes. Espolvorea el queso y revuelve.
e) Coloque las tortillas calientes sobre una superficie plana y agregue ½ taza del relleno encima de cada una. ¡Enrolla las tortillas, sirve y disfruta!
f) Para calentarlos, descongele los burritos y luego caliéntelos en el horno a 350 grados F durante 10 a 15 minutos.

11. Tortillas De Camarones Y Cangrejo

Rinde: 1 PORCIÓN

INGREDIENTES:
- 4 huevos
- 3 cucharadas de crema espesa
- Sal kosher y pimienta negra, al gusto
- 1 cucharada de aceite de oliva
- ¼ taza de champiñones rebanados
- ¼ de taza de espinacas frescas
- ¼ taza de carne de camarón cocido
- ¼ de taza de carne de cangrejo en trozos
- ¼ de taza de queso Havarti rallado

INSTRUCCIONES

a) En un tazón pequeño, combine los huevos y la crema espesa y bata hasta que estén bien combinados. Espolvoree sal y pimienta y mezcle. Poner a un lado.

b) Rocíe el aceite de oliva en una sartén grande a fuego medio. Cuando el aceite esté caliente, echa los champiñones y las espinacas en la sartén y cocina hasta que estén tiernos. Retirar de la sartén y reservar.

c) Vierta los huevos y cocine por 2 minutos. Espolvorea los camarones, el cangrejo, el queso, los champiñones y las espinacas. Dobla la tortilla por la mitad y cocina por 2 minutos más, luego retírala de la sartén. ¡Servir y disfrutar!

12.cremosa con queso

Rinde: 4 a 6 porciones

INGREDIENTES:
- 3 tazas de agua
- ½ taza de crema espesa
- 1 taza de sémola rápida
- 4 cucharadas de mantequilla salada
- 1 cucharadita de sal kosher
- ½ cucharadita de pimienta negra molida
- ½ taza de queso cremoso Havarti rallado
- ½ taza de queso cheddar fuerte rallado

INSTRUCCIONES
a) En una cacerola mediana a fuego alto, vierte el agua y la crema espesa. Una vez que hierva por completo, espolvoree la sémola y bata. Reduzca el fuego a medio bajo y cocine de 30 a 35 minutos, revolviendo ocasionalmente para evitar grumos.
b) Agrega la mantequilla y espolvorea sal, pimienta y queso. Revuelva hasta que todo esté agradable, cremoso y bien combinado. Apague el fuego y luego sírvalo con sus platos de desayuno favoritos.

BOCADILLOS Y APERITIVOS

13. Deslizadores de camarones

Rinde: 12 porciones

INGREDIENTES:
- 1½ libras de camarones gigantes crudos, pelados y desvenados, divididos
- ¼ taza de cebolla verde picada
- 1 cucharadita de ajo picado
- 1½ cucharaditas de condimento criollo
- ½ cucharadita de pimienta negra molida
- 2 huevos, ligeramente batidos
- ½ taza de harina para todo uso
- ½ taza de aceite vegetal, para freír
- 12 bollos deslizantes

INSTRUCCIONES

a) Mezcle aproximadamente tres cuartos de los camarones en una licuadora o procesador de alimentos y presione hasta que los camarones estén bien molidos. Coloque los camarones molidos en un tazón grande para mezclar.

b) Pica los camarones restantes en trozos pequeños y échalos en el recipiente con los camarones molidos. Agregue la cebolla verde, el ajo, el condimento criollo y la pimienta negra. Mezclar bien.

c) Vierte los huevos batidos y utiliza las manos o un utensilio de cocina para mezclar. Espolvorea la harina y mezcla hasta que esté bien incorporada.

d) Forme 12 hamburguesas con la mezcla de camarones y reserve.

e) Rocíe aceite vegetal en una sartén grande a fuego medio. Una vez que el aceite esté caliente, comience a agregar los camarones, de 3 a 4 hamburguesas a la vez. Cocine cada lado durante 5 minutos hasta que estén dorados.

f) Coloque las hamburguesas de camarones en los panecillos y deje que los invitados agreguen los aderezos que deseen.

14.Rollitos de huevo criollos de cerdo y camarones

Rinde: 12 porciones

INGREDIENTES:
- ½ libra de carne de cerdo molida
- ¼ de taza de cebolla morada picada
- 2 cucharadas de pimientos verdes cortados en cubitos
- 1 cucharadita de ajo picado
- 2½ cucharaditas de condimento criollo
- ½ libra de camarones crudos medianos, pelados, desvenados y picados en trozos grandes
- 1 paquete de envoltorios de rollitos de huevo
- 1 huevo batido para sellar rollitos
- 2 tazas de aceite vegetal, para freír

INSTRUCCIONES

a) En una sartén grande a fuego medio, dore la carne de cerdo molida. Una vez dorada, escurre la grasa de la sartén en un frasco y deséchala.

b) Agrega las cebollas, los pimientos, el ajo y el condimento criollo. Cocine hasta que las cebollas y los pimientos estén tiernos, luego agregue los camarones y cocine por 2 minutos más. Apaga el fuego.

c) Coloque los envoltorios de rollitos de huevo sobre una superficie plana, agregue el relleno encima y luego enrolle. Cepille las costuras con huevo para ayudar a sellar los rollos.

d) Vierta aceite vegetal en una freidora o sartén. Freír los rollitos hasta que estén bien dorados.

e) Deje enfriar sobre una rejilla y luego sirva con su salsa favorita.

15. Alitas Fritas De Pimienta Con Limón

Rinde: 4 porciones

INGREDIENTES:
- ¼ taza de jugo de limón
- 2 libras de alitas de pollo
- 2 cucharaditas de ajo en polvo, cantidad dividida
- 2 cucharaditas de cebolla en polvo, cantidad dividida
- 1 cucharadita de condimento Old Bay
- 1½ tazas de harina para todo uso
- 2 cucharaditas de pimienta de limón
- 1 cucharadita de hojuelas de perejil seco (opcional)
- 2 tazas de aceite vegetal, para freír

INSTRUCCIONES

a) En un tazón grande, vierta el jugo de limón sobre el pollo, luego sazone el pollo con 1 cucharadita de ajo en polvo, 1 cucharadita de cebolla en polvo y el condimento Old Bay. Usa tus manos para mezclar el pollo y asegúrate de que esté bien cubierto con los condimentos.

b) En un tazón mediano, agregue la harina, la 1 cucharadita restante de ajo en polvo y 1 cucharadita de cebolla en polvo, limón, pimienta y hojuelas de perejil. Usa tus manos o un utensilio para asegurarte de que los condimentos estén bien distribuidos por toda la harina. Cubra las alitas de pollo con la harina sazonada y reserve en un plato.

c) En tu freidora o sartén, vierte el aceite. Calienta el aceite a 350 a 360 grados F. Coloca el pollo en el aceite caliente y fríelo hasta que esté dorado. Para asegurarte de que esté cocido, perfora el pollo hasta el hueso con un cuchillo o tenedor pequeño. Si no se ve sangre, el pollo está listo .

d) Coloque el pollo en una bandeja o plato para hornear forrado con papel toalla durante 2 minutos para que se enfríe un poco. Sirva con rodajas de limón o sus salsas favoritas.

16. Quattro Formaggi con zanahorias tradicionales

Hace: 4

INGREDIENTES:
- ½ taza (125 ml) de leche
- 2 rebanadas (80 g) de pan blanco de masa madre, sin corteza
- 700 g de carne picada de ternera de buena calidad
- 100 g de mota, pelada y finamente picada
- 1 huevo, ligeramente batido
- 2 cucharadas de cebollino finamente picado
- 1 cebolla tierna, recortada y finamente picada
- ¼ cucharadita de nuez moscada molida
- ¼ de taza (20 g) de parmesano rallado
- ¼ de taza (20 g) de queso pecorino rallado
- 4 rebanadas de queso fontina
- 4 lonchas de queso manchego
- 4 panes de hamburguesa brioche, ligeramente tostados
- 1 lechuga baby cos, con las hojas separadas
- 265 g de tomates tradicionales grandes, en rodajas gruesas
- Pepino encurtido en rodajas, salsa barbacoa y patatas fritas picantes, para servir

INSTRUCCIONES:
a) Coloque la leche en un tazón mediano. Agrega el pan y déjalo en remojo durante 5 minutos. Exprime suavemente el pan y desecha el exceso de leche.
b) Transfiera el pan remojado a un tazón grande junto con la carne picada, el speck finamente picado, el huevo batido, el cebollino finamente picado, la cebolleta finamente picada, la nuez moscada molida, el parmesano rallado y el queso pecorino rallado.
c) Sazona la mezcla son sal y pimienta. Con las manos, revuelva para combinar todos los ingredientes. Divida la mezcla en cuatro hamburguesas. Colóquelos en un plato, tápelos y déjelos enfriar durante 30 minutos para que se endurezcan.
d) Calienta una barbacoa o una sartén antiadherente a fuego medio-alto.
e) Cocine las hamburguesas durante 4-5 minutos por cada lado hasta que estén cocidas a su gusto. Cubra cada hamburguesa con una rodaja de fontina y una rodaja de manchego. Cúbrelos con una tapa durante 1 minuto para permitir que el calor residual derrita el queso.

MONTAR LAS HAMBURGUESAS:

f)   Unte salsa barbacoa en la base de cada panecillo. Luego, cubra con lechuga, hamburguesas, tomates en rodajas gruesas y pepinillos. Cubrir con las tapas de panecillos. Servir con patatas fritas calientes.

g) hamburguesas Loaded Quattro Formaggi (cuatro quesos), ¡especialmente si las combina con un rosado seco!

17.salsa de maíz picante

Rinde: 6 porciones

INGREDIENTES:
- 1 cucharada de aceite de oliva virgen extra
- ½ libra de salchicha italiana picante
- 1 cebolla morada mediana, picada
- 1 pimiento rojo grande, cortado en cubitos
- 1 taza de crema agria
- 4 onzas de queso crema, a temperatura ambiente
- 4 tazas de maíz congelado, descongelado
- ½ taza de cebollas verdes picadas
- 1 jalapeño grande, cortado en cubitos
- 4 dientes de ajo, picados
- 1 cucharada de cilantro picado
- 2 cucharaditas de condimento criollo
- 1 cucharadita de pimienta negra molida
- 1 taza de queso cheddar fuerte rallado, cantidad dividida
- 1 taza de queso Colby Jack rallado, cantidad dividida
- Aceite vegetal, para engrasar

INSTRUCCIONES

a) Precalienta el horno a 350 grados F.

b) En una sartén grande a fuego medio, calienta el aceite. Agrega la salchicha italiana y cocina hasta que se dore. Agregue las cebollas y los pimientos morrones. Cocine hasta que se ablanden.

c) Agrega la crema agria y el queso crema. Revuelva hasta que esté bien combinado, luego agregue el maíz, la cebolla verde, el jalapeño, el ajo y el cilantro. Continúe revolviendo los ingredientes hasta que todo esté bien incorporado. Espolvorea el condimento criollo, la pimienta negra, ½ taza de queso cheddar y ½ taza de queso Colby Jack. Mezclar bien.

d) Engrase ligeramente una fuente para horno y luego agregue la mezcla de maíz. Cubra con el queso restante y hornee, sin tapar, durante 20 minutos. Deje enfriar un poco antes de servir.

18.de bacalao, ahi y tomate tradicional

Rinde: 4 porciones

INGREDIENTES:
- 1 cebolla morada de buen tamaño, picada fina
- 3 jalapeños LG, sin semillas y picados
- 2 tomates chico amarillos, picados
- 2 tomates Brandywine, picados
- ¾ libras 51-60 camarones cocidos, pelados y sin cola
- 2 cucharadas de ajo picado
- 1 manojo de cilantro, picado
- 1 cucharadita de comino
- 1 cucharadita de chile en polvo
- 2 cucharadas de sal kosher al gusto
- Jugo de 4 limas grandes
- 1 ½ libras. bacalao de maruca, cortado en trozos pequeños
- 4 onzas de filete de atún ahi, cortado en trozos pequeños
- Coberturas
- Queso cheddar rallado
- Queso cotija rallado
- Salsa picante
- Conchas para tostadas

INSTRUCCIONES:
a) Combine ambos tipos de pescado y jugo de lima en un bol. Refrigera por media hora. Revuelva con frecuencia
b) Combine el resto de los ingredientes excepto los aderezos en otro tazón grande. Revuelva bien.
c) Después de media hora, el pescado debería estar opaco. Combine en otro tazón, incluido el jugo. Revuelva bien. Refrigera por media hora.
d) Revuelva bien nuevamente. Coloque una tostada en un plato. Cubra con ceviche. Agrega queso cheddar y cotija . Rocíe con salsa picante. Servir inmediatamente. Disfrutar.

19.Huevos Rellenos De Cangrejo Con Tocino

Rinde: 14 porciones

INGREDIENTES:
- 7 huevos duros
- ⅓ taza de mayonesa
- 1 cucharadita de mostaza amarilla
- 6 onzas de carne de cangrejo cocida en trozos, y más para decorar
- 1 cucharada de salsa de eneldo
- 1 cucharada de cebolla picada
- 1 cucharadita de ajo picado
- 1½ cucharaditas de condimento Old Bay
- 5 rebanadas de tocino cocido, picado
- Perejil fresco picado (opcional)

INSTRUCCIONES

a) Pelar los huevos y luego cortarlos a lo largo. Saque las yemas y colóquelas en un tazón mediano. Triture las yemas con un tenedor hasta que estén bien cremosas. Agrega la mayonesa y la mostaza y mezcla hasta que estén bien combinados. Poner a un lado.

b) Escoja con cuidado la carne de cangrejo en trozos para asegurarse de que no quede cáscara. Luego agregue la carne de cangrejo a la mezcla de yemas, seguida de la salsa, la cebolla, el ajo y el condimento Old Bay. Mezcla los ingredientes.

c) Rellena los huevos con la mezcla, luego cubre con el tocino rebanado y el perejil. Adorne con cangrejo extra.

20. Alitas de pavo Buffalo con aderezo de queso azul

Rinde: 4 porciones

INGREDIENTES:
- Aceite vegetal, para engrasar
- 1 cucharada de sal para condimentar
- 1 cucharada de ajo en polvo
- 1 cucharada de cebolla en polvo
- 1 cucharada de pimentón
- 1½ cucharaditas de pimienta negra molida
- 1 cucharadita de sal de apio
- 2 libras de alitas de pavo, pisos y tambores separados
- 3 cucharadas de aceite de oliva
- ¼ taza de mantequilla salada, derretida
- ½ taza de salsa picante
- Aderezo de queso azul

INSTRUCCIONES

a) Precaliente el horno a 325 grados F y engrase ligeramente una fuente para hornear de 9 por 13 pulgadas.

b) En un tazón pequeño, combine la sal para condimentar, el ajo en polvo, la cebolla en polvo, el pimentón, la pimienta negra y la sal de apio. Mezcle bien y luego reserve.

c) Coloque las alitas de pavo en la fuente para horno y rocíelas con aceite de oliva. Frote el aceite por todas las alitas para asegurarse de que queden bien cubiertas . Espolvorea la mezcla de condimentos por toda la parte delantera y trasera de las alas.

d) Cubre la fuente para hornear con papel de aluminio y hornea por 1 hora y 35 minutos. Luego retírela del horno, rocíe las alitas con la grasa del horno y déjelas a un lado.

e) Combine la mantequilla derretida y la salsa picante. Mezcla bien y luego vierte sobre las alitas. Vuelva a colocar las alitas en el horno, sin tapar, y hornee por 1 hora y 30 minutos más.

f) Retirar del horno. Sirva con el aderezo de queso azul para que los invitados lo usen como salsa.

21. Salsa De Patatas Al Horno Cargada

Rinde: 8 a 10 porciones

INGREDIENTES:
- 7 patatas gigantes para hornear
- 1½ tazas de crema agria
- ½ taza (1 barra) de mantequilla salada, ablandada
- 4 onzas de queso crema
- 2 tazas de queso cheddar rallado, cantidad dividida
- 8 rebanadas de tocino cortado grueso, cocido y desmenuzado, cantidad dividida
- ½ taza de cebollas verdes picadas, divididas
- 2 cucharaditas de ajo en polvo
- 2 cucharaditas de sal kosher
- 1 cucharadita de pimienta negra molida
- Aceite vegetal, para engrasar

INSTRUCCIONES

a) Precalienta el horno a 375 grados F. Mientras el horno se calienta, lava y frota las papas con agua fría.

b) Coloca las patatas en una cazuela y hornea durante unos 65 minutos, luego retíralas del horno. Deja enfriar las patatas. Reduzca la temperatura del horno a 350 grados F.

c) En un tazón grande, comience a sacar la carne de las patatas. Agrega la crema agria, la mantequilla y el queso crema y mezcla hasta que esté bien incorporado. Espolvorea 1 taza de queso rallado, la mitad del tocino desmenuzado y todo menos 1 cucharada de cebollas verdes. Revuelva para combinar, luego agregue el ajo en polvo, la sal y la pimienta. Mezcla los ingredientes.

d) Engrase ligeramente una fuente para hornear de 9 por 13 pulgadas. Agrega la mezcla de papa y alisa. Espolvoree el queso restante, el tocino restante y las cebollas verdes restantes encima de la salsa.

e) Hornee en el horno, descubierto, durante 30 minutos. Sirve con tus chips favoritos.

22.Hojas de nabo y mostaza con cerdo salado

Rinde: 8 a 10 porciones

INGREDIENTES:
- 12 onzas de cerdo salado, en rodajas
- 1 cebolla amarilla mediana, picada
- 10 a 12 tazas de caldo de verduras
- 3 manojos de hojas de mostaza, limpias y cortadas
- 6 manojos de hojas de nabo, limpias y cortadas
- 2 cucharaditas de sal para condimentar
- 1 cucharadita de pimienta negra gruesa
- 1 cucharadita de hojuelas de pimiento rojo
- 1 cucharada de azúcar moreno
- 2 nabos medianos, pelados y picados

INSTRUCCIONES

a) En una olla grande a fuego medio, agrega las rodajas de cerdo salado. Cocine de 5 a 7 minutos, o hasta que se dore, luego agregue las cebollas. Cocine por 2 minutos más.

b) Vierta el caldo de verduras y comience a agregar lentamente las verduras. Una vez que todas las verduras estén en la olla, espolvoree sal, pimienta negra y hojuelas de pimiento rojo. Revuelve todo bien y agrega el azúcar.

c) Reduzca el fuego a medio bajo, tape la olla y deje que las verduras hiervan a fuego lento durante aproximadamente 1½ horas.

d) Pasado el tiempo añadimos los nabos picados y cocinamos 30 minutos más. Servir con pan de maíz.

23. Nachos con chips de lino y salsa de tomate tradicional

Rinde: 4 porciones

INGREDIENTES:
- 1 receta de Chips de Lino Salados
- 1 receta de carne para tacos y nueces
- 1 receta de queso chipotle
- 1 receta de salsa de tomate tradicional
- 1 aguacate maduro, sin hueso y cortado en cubitos

INSTRUCCIONES
a) Prepare sus nachos colocando los chips de lino salados en una fuente para servir.
b) Cubra con la carne para tacos, el queso, la salsa y el aguacate.
c) Disfruta de inmediato.

24. Repollo Estofado Con Pavo Ahumado

Rinde: 6 porciones

INGREDIENTES:
- 8 tazas de caldo de pollo
- 1 ala grande de pavo ahumado
- 2 cucharadas de aceite de oliva extra virgen 1 cebolla amarilla grande, cortada en cubitos
- 1 cabeza grande de col verde, enjuagada, picada y desechada las hojas exteriores
- 2 cucharaditas de sal para condimentar
- ½ cucharadita de pimienta negra molida
- ½ cucharadita de hojuelas de pimiento rojo

INSTRUCCIONES

a) En una olla grande a fuego alto, agrega el caldo de pollo y el ala de pavo ahumada. Cubre la olla con una tapa y deja que el ala de pavo hierva hasta que comience a desprenderse del hueso, generalmente alrededor de 45 minutos.

b) En una sartén mediana a fuego medio, rocíe el aceite de oliva. Agregue la cebolla y cocine hasta que esté tierna, aproximadamente 3 minutos. Apague el fuego y déjelo a un lado.

c) Quita la tapa de la olla con el ala de pavo y agrega el repollo y la cebolla. Espolvoree sal, pimienta y hojuelas de pimiento rojo. Remover. Cocine el repollo durante unos 20 minutos o hasta que alcance su ternura preferida.

25.Hamburguesas de cordero y harissa con zanahorias tradicionales

Rinde: 4 porciones

INGREDIENTES:
- 500 g de carne picada de cordero
- 2 cucharadas de pasta de harissa
- 1 cucharada de semillas de comino
- 2 manojos de zanahorias tradicionales
- ½ manojo de menta, con las hojas recogidas
- 1 cucharada de vinagre de vino tinto
- 80 g de queso rojo Leicester, rallado grueso
- 4 panecillos brioche sin semillas, partidos
- ⅓ taza (65 g) de requesón

INSTRUCCIONES:
a)   Forra una bandeja para hornear con papel de horno. Coloque la carne picada en un bol y sazone generosamente. Agrega 1 cucharada de harissa y, con las manos limpias, combina bien.

b)   Forme 4 hamburguesas con la mezcla de cordero y espolvoree con semillas de comino. Colóquelas en la bandeja preparada, cubra y enfríe hasta que las necesite (deje que las hamburguesas alcancen temperatura ambiente antes de cocinarlas).

c)   Mientras tanto, combine la zanahoria, la menta y el vinagre en un tazón y reserve para encurtir ligeramente.

d)   Calienta una parrilla o sartén a fuego medio-alto. Ase las hamburguesas durante 4-5 minutos por cada lado o hasta que se forme una buena corteza. Cubra con queso, luego cubra (use papel de aluminio si usa una sartén para parrilla) y cocine, sin voltear, durante 3 minutos más o hasta que el queso se derrita y las hamburguesas estén bien cocidas .

e)   Ase los panecillos brioche, con el lado cortado hacia abajo, durante 30 segundos o hasta que estén ligeramente tostados. Divida el requesón entre las bases de panecillos y luego cubra con la mezcla de zanahorias encurtidas.

f)   1 cucharada restante de harissa. Abre las tapas y aprieta para que la harissa rezume por los lados y quede atascada.

26. Pepinillos fritos

Rinde: 4 porciones

INGREDIENTES:
- 1 frasco (16 onzas) de chips de pepinillos encurtidos, escurridos
- 1 taza de harina de maíz amarillo
- 1 taza de harina con levadura
- 1 cucharadita de sal para condimentar
- ½ cucharadita de pimienta negra molida
- ½ cucharadita de pimentón
- ½ cucharadita de pimienta de cayena
- 2 huevos batidos
- ¾ taza de aceite vegetal, para freír

INSTRUCCIONES

a) Seque los chips de pepinillo y luego colóquelos en una bandeja para hornear forrada con papel toalla.

b) En un tazón grande, combine la harina de maíz, la harina, la sal para condimentar, la pimienta negra, el pimentón y la cayena. Mezclar hasta que esté bien combinado.

c) Cubra los chips de pepinillos con los huevos sumergiéndolos. Asegúrese de sacudir el exceso. Luego, agregue los chips de pepinillos a la mezcla de harina y asegúrese de que queden bien cubiertos. Sacuda el exceso de harina y vuelva a colocar las patatas fritas en la bandeja para hornear.

d) En una sartén grande, caliente el aceite vegetal a unos 350 grados F. Agregue los pepinillos encurtidos y asegúrese de no abarrotar la sartén. Fríe las patatas fritas hasta que estén bien doradas, de 2 a 3 minutos.

e) Retire las patatas fritas del aceite con una espumadera y déjelas enfriar sobre una rejilla. Sirva con su salsa favorita.

27. Croquetas De Salmón

Rinde: 6 porciones

INGREDIENTES:
- 1 lata (14,75 onzas) de salmón, escurrido
- 1 cebolla pequeña, picada
- 1 huevo
- ½ taza de pan rallado seco
- 1½ cucharaditas de ajo en polvo
- 1 cucharadita de sal para condimentar
- 1 cucharadita de jugo de limón
- ½ cucharadita de pimienta negra molida
- ½ taza de aceite vegetal

INSTRUCCIONES

a) En un tazón grande, combine el salmón, la cebolla, el huevo, el pan rallado , el ajo en polvo, la sal para condimentar, el jugo de limón y la pimienta negra. Mezclar los ingredientes hasta que todo esté bien incorporado. Forme hamburguesas con la mezcla de salmón y luego déjelas a un lado.

b) En una sartén grande a fuego medio, vierte el aceite. Una vez que el aceite esté caliente, agregue algunas hamburguesas y fríalas durante unos 5 minutos por cada lado hasta que estén bien doradas. ¡Sirve y disfruta en el desayuno, el almuerzo o la cena!

28. Pimientos Rellenos De Mariscos

Rinde: 6 porciones

INGREDIENTES:
- 2 cucharadas de aceite vegetal, y más para engrasar
- 3 pimientos verdes grandes, cortados por la mitad a lo largo y sin semillas
- 6 onzas de mezcla de aderezo para pan de maíz comprada en la tienda, sin condimentar
- ⅔ taza de cebollas verdes picadas
- ½ taza de carne de cangrejo, cocida
- ½ taza de carne de camarón, cocida
- 1 huevo
- 1½ cucharaditas de condimento criollo
- 1 cucharadita de ajo picado
- 4 cucharadas de mantequilla salada, derretida
- 2 tazas de caldo de mariscos o pollo

INSTRUCCIONES

a)   Precaliente el horno a 350 grados F. Engrase ligeramente una fuente para hornear de 9 por 13 pulgadas y coloque los pimientos morrones en la fuente. Rocíe el aceite sobre los pimientos, coloque la fuente para hornear en el horno y cocine hasta que estén ligeramente dorados. Retirar los pimientos del horno y reservar.

b)   En un tazón grande, combine la mezcla de aderezo, las cebolletas, el cangrejo, los camarones, el huevo, el condimento criollo y el ajo. Mezcle hasta que todo esté bien combinado , luego agregue la mantequilla derretida y el caldo. Revuelva la mezcla, luego déjela reposar durante 10 minutos para que la mezcla de aderezo de pan de maíz absorba todos los sabores.

c)   Coloca los pimientos boca arriba en la fuente para horno y rellénalos con la mezcla de aderezo de mariscos. Coloca los pimientos en el horno y cocina de 30 a 35 minutos. Dejar enfriar antes de servir.

29. Churros con Azúcar de Hibisco y Jengibre

Rinde: Unos 15 churros

INGREDIENTES:
MASA DE CHURRO:
- ½ taza de agua
- ½ taza de leche entera o leche de avena
- ¼ taza de azúcar de caña o azúcar granulada
- ½ taza (1 barra) de mantequilla sin sal
- Harina de maíz amarillo Heirloom
- 1 cucharadita de sal kosher
- ½ cucharadita de canela molida (opcional)
- 2 huevos grandes
- 2 cucharaditas de extracto de vainilla
- Aceite de semilla de uva o vegetal, para freír

COBERTURA DE AZÚCAR DE JENGIBRE DE HIBISCO:
- 1 taza de azúcar granulada
- 2 cucharadas de polvo de hibisco (de flores enteras secas, molidas en una licuadora o procesador de alimentos)
- 1 ½ cucharaditas de jengibre molido

INSTRUCCIONES:
a) En un tazón grande, combine todos los ingredientes para la cobertura de azúcar Hibiscus Ginger. Mezcle para combinar y reserve.
b) En una cacerola a fuego medio-alto, agrega el agua, la leche, el azúcar y la mantequilla. Una vez que la mantequilla se haya derretido, retírela del fuego y agregue la masa harina , la sal kosher y la canela molida (si la usa). Revuelva vigorosamente con una cuchara de madera hasta que se forme una masa espesa y no queden bolsas secas de masa harina .
c) Transfiera la masa al tazón de una batidora y déjala enfriar un poco. Una vez que se haya enfriado un poco, agrega un huevo y mezcla a velocidad media. Agrega el segundo huevo y luego el extracto de vainilla.
d) Continúe mezclando hasta que todo esté completamente incorporado . La masa quedará más suelta que antes pero aún se podrá entubar . En este punto, prepara tu aceite para freír.
e) En una olla grande, como una olla, agregue suficiente aceite para cubrir aproximadamente 3 pulgadas de los lados. Pon el fuego a medio-alto. Coloque una rejilla para enfriar sobre una bandeja para hornear grande y déjala a un lado.

f) Transfiera la masa de churro a una manga pastelera grande provista de una punta de estrella cerrada. Si planeas preparar churros en forma de corazón, cubre una bandeja para hornear que quepa en tu congelador con papel pergamino.

g) Coloca los corazones sobre el pergamino y transfiérelos al congelador para que se endurezcan durante unos 30 minutos antes de freírlos. Si planeas colocar los churros directamente en el aceite para freír, espera hasta que el aceite alcance los 375 °F en un termómetro de lectura instantánea.

h) Introduce con cuidado los churros en el aceite en tandas, aproximadamente 4 churros a la vez, para evitar que baje demasiado la temperatura del aceite. Utilice unas tijeras de cocina rociadas con un poco de aceite en aerosol para cortar los churros de la manga pastelera mientras los prepara.

i) Fríe los churros durante aproximadamente 3 minutos por un lado, luego voltéalos y continúa friendo durante 2 - 2 ½ minutos más hasta que estén dorados.

j) Transfiera los churros del aceite a la bandeja para hornear preparada con la rejilla para enfriar. Una vez que los churros se hayan secado ligeramente del aceite, revuélvalos en la capa de azúcar y jengibre de hibisco. Vuelve a colocarlos en la bandeja para hornear mientras fríes el resto de los churros.

k) Disfruta de los churros mientras aún estén calientes, ya que tienden a perder su textura crujiente después de enfriarse mucho.

GUARNICIONES

30.Judías verdes, patatas y tocino

Rinde: 6 porciones

INGREDIENTES:
- 1 libra de puntas de tocino, picadas
- 1 libra de papas rojas baby, cortadas en mitades o cuartos
- 1 libra de judías verdes recién cortadas
- 3 tazas de caldo de pollo
- 1 cebolla amarilla mediana, picada
- 1 chile jalapeño grande, picado (opcional)
- 1½ cucharadas de ajo picado
- ½ cucharadita de pimienta negra molida

INSTRUCCIONES
a) Agregue todos los ingredientes a una olla de cocción lenta de 6 cuartos.
b) Encienda la olla de cocción lenta a temperatura alta y cubra.
c) Cocine por 4 horas y luego sirva.

31. Pastel de tomate con queso

Rinde: 8 porciones

INGREDIENTES:
- Aceite vegetal, para engrasar
- 3 cucharadas de aceite de oliva virgen extra
- 1 cebolla amarilla grande, picada
- 2 libras de tomates roma , cortados en cubitos
- 2 cucharadas de albahaca fresca picada
- 2 cucharaditas de sal kosher
- 1 cucharadita de tomillo fresco picado
- ½ cucharadita de pimienta negra molida
- 2 tazas de mayonesa
- 2 tazas de queso cheddar rallado
- 1 taza de queso Havarti rallado
- 2½ mangas de galletas Ritz, trituradas, cantidad dividida

INSTRUCCIONES

a) Precaliente el horno a 350 grados F. Engrase ligeramente una fuente para hornear de 9 por 13 pulgadas.

b) En una sartén grande a fuego medio-alto, rocíe el aceite de oliva. Una vez que el aceite esté caliente, agregue las cebollas y cocine hasta que estén tiernas, de 3 a 5 minutos.

c) Luego, agregue los tomates, la albahaca, la sal, el tomillo y la pimienta. Remover. Cocine por 15 minutos, luego apague el fuego y deje la sartén a un lado.

d) En un tazón grande, combine la mayonesa, el queso cheddar y el Havarti. Dejar de lado.

e) En la fuente para hornear, espolvoree ⅓ de las galletas Ritz trituradas (¡guarde 1 taza para la cobertura!). Asegúrate de que se distribuya uniformemente en el fondo. Vierta la mitad de la mezcla de tomate encima de las galletas Ritz. Repite las capas.

f) Cubra las capas con la mezcla de mayonesa y queso y alise. Espolvorea la 1 taza restante de Ritz triturado encima. Hornee descubierto por 45 minutos. Retirar del horno y dejar reposar 15 minutos antes de servir.

32.Comida Macarrones Con Queso

Rinde: 12 porciones

INGREDIENTES:
- 1 cucharadita de sal kosher, para hervir la pasta
- 1 libra de pasta de codo cruda
- 4 cucharadas de mantequilla sin sal
- 2 cucharadas de harina para todo uso
- 1½ tazas mitad y mitad
- 1 taza de leche evaporada
- 4 onzas de queso crema
- 8 onzas de queso Gouda, rallado o en cubos
- 8 onzas de queso Havarti, rallado o en cubos
- 1 cucharadita de sal para condimentar o sal kosher simple
- 1 cucharadita de pimentón ahumado
- 1 cucharadita de cebolla en polvo
- 1 cucharadita de ajo en polvo
- ½ cucharadita de pimienta negra recién molida
- 8 onzas de queso cheddar fuerte, rallado
- 4 onzas de queso mozzarella, rallado
- 4 onzas de queso Colby Jack, rallado

INSTRUCCIONES

a) Precalienta el horno a 350 grados F.

b) En una olla grande a fuego alto, vierta aproximadamente 2 litros de agua y espolvoree sal kosher. Hierva el agua y luego agregue la pasta. Cocine la pasta hasta que esté al dente (cocida pero aún firme), luego escurra la pasta y enjuáguela con agua fría. Regrese la pasta a la olla y déjala a un lado.

c) Coloque una cacerola grande a fuego medio y luego agregue la mantequilla. Derrita la mantequilla por completo y luego espolvoree la harina. Bate los ingredientes hasta que estén bien incorporados, luego vierte el half and half y la leche evaporada . Batir los ingredientes y continuar cocinando a fuego medio durante unos 3 minutos.

d) Reduzca el fuego a bajo, luego agregue el queso crema, el Gouda y el Havarti. Revuelve la mezcla hasta que el queso se derrita y tengas una salsa de queso cremosa y agradable. Espolvorea el condimento con sal, pimentón, cebolla en polvo, ajo en polvo y pimienta. Mezclar hasta que esté bien incorporado.

e) Vierta la salsa de queso sobre la pasta de macarrones en la olla. Revuelve todo hasta que esté bien combinado , luego vierte la mitad de la mezcla de macarrones con queso en una fuente para hornear de 9 por 13 pulgadas. Espolvoree la mitad del queso cheddar fuerte, la mozzarella y el Colby Jack encima de los macarrones con queso. Luego, agregue los macarrones con queso restantes en la fuente para hornear y cubra con el queso restante.

f)   Hornea los macarrones con queso durante 25 a 30 minutos. Retirar del horno y dejar reposar de 5 a 10 minutos antes de servir.

33.Patatas batidas con queso

Rinde: 8 a 10 porciones

INGREDIENTES:
- 9 a 10 patatas russet medianas, lavadas, peladas y picadas
- 6 tazas de caldo de pollo
- 6 cucharadas de mantequilla salada
- 1 taza mitad y mitad
- 1½ tazas de queso cheddar fuerte rallado
- 2 cucharaditas de sal kosher
- ½ cucharadita de pimienta negra molida

INSTRUCCIONES

a) En una olla grande a fuego alto, agrega las papas picadas y el caldo de pollo. Hierva hasta que las patatas estén tiernas y tiernas, normalmente 15 minutos. Escurre el caldo de las patatas.

b) En un tazón grande, bata las patatas con una batidora o batidora de mano hasta que estén bien y sin grumos. Agrega la mantequilla y la mitad y mitad. Revuelve los ingredientes hasta que todo esté bien combinado.

c) Espolvorea el queso, la sal y la pimienta. Revuelve las patatas hasta que estén bien cremosas y luego sirve.

34.Ñame confitado al horno

Rinde: 6 a 8 porciones

INGREDIENTES:
- 5 ñames medianos, lavados, pelados y cortados en rodajas de aproximadamente ½ pulgada de grosor
- ½ taza (1 barra) de mantequilla salada
- 1 taza de azúcar granulada
- ¼ taza de azúcar moreno
- 1 cucharadita de canela molida
- ½ cucharadita de nuez moscada molida
- ¼ cucharadita de clavo molido
- ¼ de cucharadita de jengibre molido
- 1 cucharada de extracto de vainilla

INSTRUCCIONES

a) Precaliente el horno a 350 grados F. En una fuente para hornear de 9 por 13 pulgadas, coloque los ñames.

b) En una cacerola mediana a fuego medio, derrita la mantequilla. Una vez que la mantequilla se derrita, espolvorea el azúcar, la canela, la nuez moscada, el clavo y el jengibre. Apague el fuego, mezcle los ingredientes, agregue la vainilla y revuelva.

c) Vierta la mezcla confitada sobre los ñames y cúbralos bien. Cubre la fuente para hornear con papel de aluminio y hornea por 30 minutos. Retire los ñames del horno y báñelos con la mezcla confitada en el plato. Luego cubra los ñames nuevamente y hornee por otros 15 a 20 minutos.

d) Retire los ñames del horno y déjelos reposar durante unos 10 minutos. Vuelve a bañarlos con la mezcla confitada antes de servir.

35.Patatas Asadas Y Salchichas

Rinde: 6 porciones

INGREDIENTES:
- ½ taza de aceite vegetal
- 1 libra de salchicha ahumada, en rodajas
- 6 patatas russet medianas, lavadas, peladas y cortadas en rodajas
- 1 cebolla amarilla grande, en rodajas
- 1 pimiento verde grande, en rodajas
- 2 cucharaditas de ajo en polvo
- 2 cucharaditas de sal kosher
- 1 cucharadita de pimienta negra molida
- ¾ taza de caldo de pollo
- Perejil fresco picado, para decorar

INSTRUCCIONES

a) En una sartén grande a fuego medio, calienta el aceite vegetal. Cuando la sartén esté caliente, agregue la salchicha y cocine hasta que se dore, de 5 a 7 minutos. Retirar la salchicha reservando el aceite de la sartén.

b) Seque las patatas con palmaditas y luego agréguelas a la sartén. Freír de 5 a 8 minutos o hasta que estén tiernos. Una vez que las patatas estén tiernas y tiernas, añade la cebolla y el pimiento morrón. Espolvorea el ajo en polvo, la sal y la pimienta. Remover.

c) Agrega el caldo de pollo y vuelve a colocar la salchicha ahumada en la sartén. Revuelve los ingredientes. Cocine hasta que todo esté bien tierno y las patatas absorban el caldo. Adorne con perejil picado.

36.Okra y tomates

Rinde: 6 a 8 porciones

INGREDIENTES:
- 2 cucharadas de aceite de oliva
- ½ cebolla amarilla, picada
- 3 dientes de ajo, picados
- 2 latas (14,5 onzas) de tomates cortados en cubitos
- 1 libra de okra fresca, cortada en cuartos
- 1 cucharada de mantequilla salada
- 1 cucharada de azúcar moreno
- 1½ cucharaditas de sal kosher
- ½ cucharadita de pimienta negra molida
- 2 ramitas de tomillo fresco
- ½ taza de caldo de verduras
- 1 cucharada de maicena

INSTRUCCIONES

a) En una cacerola grande a fuego medio, rocíe el aceite de oliva. Una vez que el aceite esté caliente, agrega la cebolla y cocina por 5 minutos.

b) Agrega el ajo y cocina por 1 minuto antes de agregar los tomates cortados en cubitos. Asegúrate de no colar los tomates. ¡Tú también quieres el jugo!

c) Agrega la okra, la mantequilla, el azúcar, la sal, la pimienta y el tomillo. Revuelva los ingredientes y luego cocine por 20 minutos.

d) Vierta el caldo de verduras en una taza medidora de líquidos y luego espolvoree la maicena. Batir hasta que no queden grumos y agregar a la sartén con la okra y los tomates. ¡Cocine por 5 minutos, luego sirva y disfrute!

37. Frijoles Pintos Y Corvejones De Jamón

Rinde: 8 porciones

INGREDIENTES:
- 1 corvejón de jamón grande o ala de pavo ahumado
- 7 tazas de agua
- 3 tazas de frijoles pintos secos, clasificados y lavados
- 1 cebolla amarilla mediana, picada
- 1 cucharada de ajo picado
- 2 cucharaditas de sal para condimentar
- ½ cucharadita de pimienta negra molida
- Cebollas verdes picadas, para decorar (opcional)
- 2 a 2½ tazas de arroz al vapor

INSTRUCCIONES

a) Agregue el corvejón, el agua, los frijoles, la cebolla, el ajo, la sal y la pimienta a una olla de cocción lenta de 6 cuartos.

b) Ponga a fuego alto, cubra y cocine durante 6 horas.

c) Una vez que los frijoles estén cocidos, decore con cebollas verdes y sirva sobre arroz.

38. Frijoles rojos y arroz

Rinde: 6 porciones

INGREDIENTES:
- 1 bolsa (16 onzas) de frijoles rojos secos, clasificados y enjuagados
- 6 tazas de caldo de pollo
- 2 cucharadas de aceite de oliva virgen extra
- 1 libra de salchicha andouille, cortada en trozos de ¼ de pulgada
- ½ cebolla morada mediana, picada
- ½ pimiento rojo mediano, cortado en cubitos
- 2 dientes de ajo, picados
- 2½ cucharaditas de condimento criollo
- 1 cucharadita de pimienta negra molida
- 2 ramitas de tomillo fresco
- 3 tazas de arroz al vapor

INSTRUCCIONES

a) En una olla grande a fuego alto, hierva unas 4 tazas de agua. Agrega los frijoles, tapa y apaga el fuego. Deja reposar los frijoles durante 30 minutos.

b) Cuando haya pasado el tiempo, escurre el agua y vierte el caldo de pollo en la olla con los frijoles. Encienda el fuego a medio, cubra y cocine a fuego lento durante 20 a 25 minutos.

c) En una sartén mediana a fuego medio, rocíe el aceite de oliva. Una vez que el aceite esté caliente, agregue la salchicha y cocine hasta que se dore, de 5 a 7 minutos. Agrega la cebolla y el pimiento y cocina por 2 minutos. Agrega el ajo. Cocine por otros 5 minutos, luego apague el fuego.

d) Agrega la salchicha, la cebolla, el pimiento y el ajo a la olla con los frijoles. Espolvoree el condimento criollo y la pimienta negra y agregue el tomillo. Revuelva los ingredientes y cocine a fuego lento durante 1 hora y 30 minutos. ¡Asegúrate de revolver ocasionalmente mientras se cocinan los frijoles para que nada se queme en el fondo! Una vez hecho, servir con arroz al vapor.

39. Frijoles estilo comida

Rinde: 6 porciones

INGREDIENTES:
- 1 (16 onzas) de habas grandes secas y enjuagadas
- ½ libra de tocino cortado grueso
- ½ cebolla amarilla mediana, picada
- 1 cucharada de ajo picado
- 6 tazas de caldo de pollo
- 2 cucharaditas de azúcar granulada
- 2 cucharaditas de sal kosher
- ½ cucharadita de pimienta negra molida
- Perejil fresco picado, para decorar

INSTRUCCIONES

a) En una olla grande a fuego alto, agregue los frijoles y aproximadamente 6 tazas de agua. Una vez que el agua empiece a hervir, apaga el fuego y deja reposar las habas durante 30 minutos. Luego escurre el agua de la olla y deja los frijoles a un lado.

b) En una sartén grande a fuego medio-alto, cocina el tocino hasta que esté bien crujiente. Retire el tocino de la sartén pero mantenga la grasa del tocino en la sartén. Agrega la cebolla y cocina hasta que esté tierna. Agrega el ajo y cocina por 2 minutos más, luego apaga el fuego.

c) Pon la olla con las habas a fuego medio y vierte el caldo de pollo. Agrega la cebolla y el ajo a la olla y revuelve. Desmenuza el tocino y luego espolvorea el azúcar, la sal y la pimienta. Revuelve los ingredientes y cubre la olla con una tapa.

d) Cocine a fuego medio-alto durante 35 a 45 minutos, o hasta que los frijoles estén agradables y cremosos. Adorne con perejil y sirva solo o sobre arroz.

40.Frijoles Horneados

Rinde: 6 a 8 porciones

INGREDIENTES:
- 1 cucharada de aceite vegetal, y más para engrasar
- ½ libra de salchicha ahumada, cortada en cubitos
- ½ cebolla morada, picada
- 1 pimiento verde mediano, cortado en cubitos
- 1 lata (28 onzas) de carne de cerdo y frijoles
- ¼ taza de salsa de tomate
- ¼ taza de azúcar moreno
- 2 cucharadas de mostaza amarilla
- 2 cucharadas de jarabe de arce
- 2 cucharadas de melaza
- 1 cucharada de salsa inglesa

INSTRUCCIONES

a) Precaliente el horno a 350 grados F. Engrase ligeramente una fuente para hornear de 9 por 13 pulgadas.

b) En una sartén grande a fuego medio-alto, rocíe el aceite vegetal. Agrega la salchicha ahumada y cocina hasta que se dore. Agrega la cebolla y el pimiento morrón. Cocine hasta que estén tiernos, luego apague el fuego.

c) En la fuente para hornear, agregue la carne de cerdo y los frijoles. Luego agregue la salchicha, la cebolla, el pimiento morrón, el ketchup, el azúcar, la mostaza, el jarabe de arce, la melaza y la salsa inglesa. Mezclar hasta que esté bien combinado. Hornee descubierto durante 1 hora y luego sirva.

41. aderezo de pan de maíz

Rinde: 8 a 10 porciones

INGREDIENTES:
- Aceite vegetal, para engrasar
- 2 cucharadas de aceite de oliva virgen extra
- 1 cebolla amarilla grande, picada
- 3 tallos de apio, picados
- 5 dientes de ajo, picados
- 5 hojas frescas de salvia, finamente picadas
- 1 tanda de pan de maíz
- 1 manga de galletas Ritz o saladas
- 4 a 6 tazas de caldo de pollo
- 1 lata (14 onzas) de crema de pollo
- 3 huevos, ligeramente batidos
- 2 cucharaditas de sal para condimentar
- 1 cucharadita de pimienta negra gruesa
- 1 cucharadita de tomillo seco

INSTRUCCIONES

a) Precaliente el horno a 350 grados F. Engrase ligeramente una fuente para hornear de 9 por 13 pulgadas.

b) En una sartén antiadherente grande a fuego medio, rocíe el aceite de oliva. Una vez que el aceite esté caliente, agrega la cebolla, el apio y el ajo. Cocine hasta que esté bien y tierno. Agregue la salvia y cocine por otros 2 minutos. Apaga el fuego.

c) En un tazón grande, desmenuce el pan de maíz y las galletas. Agrega las verduras cocidas, el caldo de pollo, la crema de pollo y los huevos. Mezclar bien. Espolvoree el condimento sal, pimienta y tomillo y mezcle nuevamente.

d) En la fuente para horno, vierte la mezcla de aderezo. Hornee descubierto durante unos 45 minutos. Deje enfriar un poco antes de servir.

42. Succotash

Rinde: 6 porciones

INGREDIENTES:
- 1 libra de habas congeladas, descongeladas
- 3 tazas de caldo de verduras
- 8 rebanadas de tocino grueso
- 2 tazas de maíz fresco o congelado
- ½ cebolla morada mediana, picada
- ½ pimiento verde mediano, cortado en cubitos
- ½ pimiento rojo mediano, cortado en cubitos
- 2 cucharaditas de sal para condimentar
- ½ cucharadita de pimienta negra molida
- ¼ cucharadita de hojuelas de pimiento rojo
- 3 tomates roma pequeños, cortados en cubitos

INSTRUCCIONES

a) En una olla mediana a fuego alto, hierva las habas y el caldo de verduras. Hierva las habas durante unos 10 minutos, luego retírelas del caldo y déjelas a un lado. Asegúrate de reservar 1 taza de caldo.

b) Coloca una sartén grande a fuego medio y agrega el tocino. Fríe el tocino hasta que esté bien crujiente y luego retíralo de la sartén. Deja la grasa atrás.

c) En la misma sartén agrega el maíz y sofríe por unos 5 minutos, luego agrega la cebolla y los pimientos morrones. Freír durante unos 2 minutos más. Agregue la sal, la pimienta negra y las hojuelas de pimiento rojo. Revuelva los ingredientes, luego agregue las habas y 1 taza de caldo de verduras reservada.

d) Pica el tocino que cocinaste antes y tíralo a la sartén. Cocine por otros 5 minutos, luego agregue los tomates. Revuelve todo bien antes de servir.

43. Pan de maíz dulce

Rinde: 10 a 12 porciones

INGREDIENTES:
- ½ taza de aceite vegetal, y más para engrasar
- 3 tazas de harina para todo uso
- 1 taza de harina de maíz amarillo
- 1 taza de azúcar granulada
- ½ taza de azúcar moreno
- 1 cucharada de polvo para hornear
- 1 cucharadita de sal kosher
- 4 huevos medianos
- 2½ tazas de leche entera
- 1 taza (2 barras) de mantequilla salada, ablandada

INSTRUCCIONES

a) Precaliente el horno a 350 grados F. Engrase ligeramente una fuente para hornear de 9 por 13 pulgadas o una sartén de hierro fundido de 12 pulgadas.

b) En un tazón grande, combine la harina, la harina de maíz, el azúcar, el polvo para hornear y la sal. Una vez que los ingredientes secos estén bien incorporados, agrega los huevos, la leche, la mantequilla y el aceite vegetal. Mezclar todo hasta que esté combinado.

c) Vierta la masa de pan de maíz en la fuente para hornear o sartén y hornee durante 35 a 40 minutos. Sirva con frijoles rojos y arroz.

44. Cachorros silenciosos

Hace: 24 CACHORROS HUSH

INGREDIENTES:
- 1 taza de harina de maíz amarillo
- 1 taza de harina con levadura
- 2 cucharadas de azúcar granulada
- 1 cucharadita de ajo en polvo
- ½ cucharadita de sal kosher
- ½ cucharadita de pimienta de cayena
- 1 cebolla amarilla pequeña, finamente picada
- 3 a 4 cebollas verdes, finamente picadas
- 1 taza de suero de leche
- 1 huevo
- 2 tazas de aceite vegetal, para freír

INSTRUCCIONES

a) En un tazón grande, combine la harina de maíz, la harina, el azúcar, el ajo en polvo, la sal y la pimienta de cayena. Batir hasta que todo quede sin grumos, luego agregar la cebolla, el suero de leche y el huevo. Mezcle los ingredientes hasta que estén bien combinados, pero no mezcle demasiado.

b) En una olla grande a fuego medio, agrega el aceite. Una vez que el aceite esté caliente, comience a verter aproximadamente 2 cucharadas de la masa, de 4 a 5 hush puppies a la vez. Fríe los Hush Puppies hasta que estén bien dorados, de 3 a 4 minutos. Retíralas del aceite y colócalas en un plato forrado con papel toalla antes de servir.

45. Arroz rojo

Rinde: 8 a 12 porciones

INGREDIENTES:
- Aceite vegetal, para engrasar
- 1 libra de tocino, picado
- 1 libra de salchicha ahumada, cortada en rodajas
- rondas de ½ pulgada
- 1 cebolla morada grande, picada
- 1 pimiento verde grande, cortado en cubitos
- 3 tazas de caldo de pollo
- 6 onzas de pasta de tomate
- 1 cucharada de azúcar moreno
- 2½ cucharaditas de sal para condimentar
- 2 cucharaditas de ajo en polvo
- 1 cucharadita de pimienta negra molida
- 2 tazas de arroz crudo
- 1 manojo de cebollas verdes, picadas

INSTRUCCIONES

a) Precaliente el horno a 350 grados F. Engrase ligeramente una cacerola de 4 cuartos.

b) En una olla grande a fuego medio, cocina el tocino hasta que esté bien crujiente. Retire el tocino de la olla y déjelo a un lado, pero asegúrese de dejar la grasa del tocino. Agrega la salchicha ahumada a la olla y cocina por unos 5 minutos. Luego agregue nuevamente el tocino, junto con la cebolla y el pimiento morrón. Cocine hasta que estén tiernos, de 3 a 5 minutos.

c) Agrega el caldo de pollo, la pasta de tomate y el azúcar. Revuelva hasta que esté bien combinado, luego espolvoree la sal para condimentar, el ajo en polvo y la pimienta negra. Agrega el arroz y revuelve nuevamente. Cocine a fuego lento durante 15 minutos a fuego medio-alto.

d) En la cazuela añadimos la mezcla de arroz rojo. Tapar y colocar en el horno durante 35 a 40 minutos. Una vez terminado, retirar del horno, destapar y revolver. Deje enfriar y cubra con cebollas verdes antes de servir.

46. Rollos de levadura desmenuzables

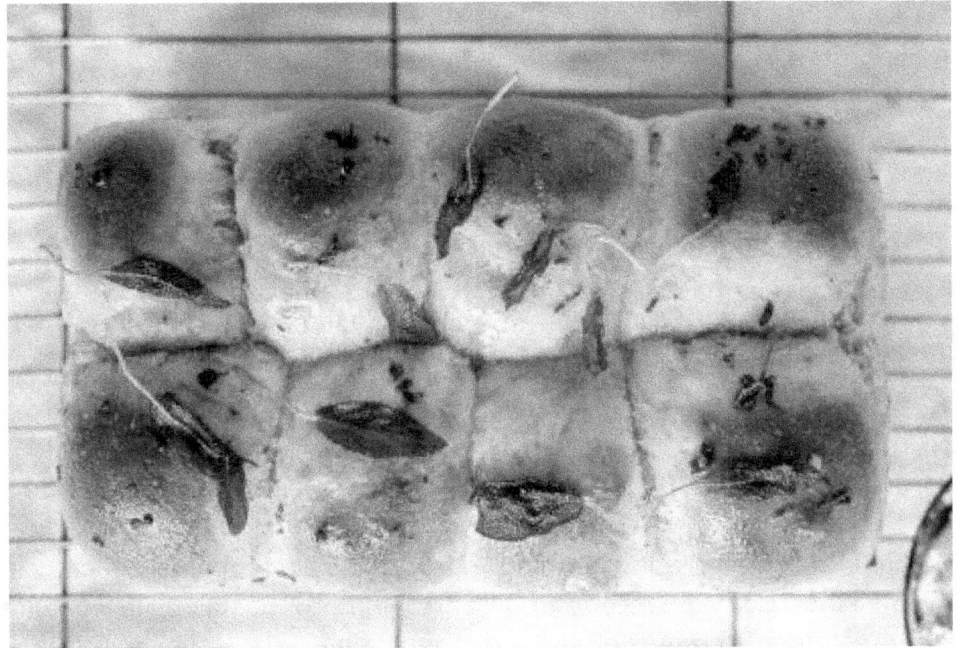

Rinde: 9 ROLLOS GRANDES

INGREDIENTES:
- Aceite vegetal, para engrasar
- 1¼ tazas de agua tibia, cantidad dividida
- ½ taza de azúcar granulada
- 5 cucharaditas de levadura seca activa
- ½ taza de leche entera, tibia
- 6 tazas de harina para todo uso, y más para amasar
- 2 cucharaditas de sal kosher
- 3 huevos, a temperatura ambiente, divididos
- ½ taza de mantequilla sin sal, derretida

INSTRUCCIONES

a) Engrase ligeramente un tazón grande y una fuente para hornear de 9 por 13 pulgadas.

b) En un tazón mediano, combine ¼ de taza de agua tibia, el azúcar y la levadura. Mezclar y dejar reposar durante 5 minutos hasta que la levadura forme espuma. Agregue el resto del agua tibia y la leche tibia, luego reserve.

c) En un bol grande tamizamos la harina y la sal. Dejar de lado.

d) En un tazón pequeño, bata ligeramente 2 de los huevos. Agrega los huevos batidos y la mezcla de levadura al bol con los ingredientes secos. Mezcle todo con las manos o use una batidora de mano con gancho para masa. Si usa una batidora de mano, mezcle a velocidad baja.

e) Amasar la masa sobre una superficie ligeramente enharinada durante unos 10 minutos. Coloque la masa en el recipiente engrasado y cúbrala con un paño o toalla limpia. Déjalo reposar durante 1½ horas en un lugar cálido y sin corrientes de aire.

f) Cuando la masa haya subido, perforar el centro para quitar el aire. Luego separa y forma 9 rollos con la masa. Coloque los panecillos en la fuente para hornear, dejando aproximadamente una pulgada entre cada uno. Cúbrelos con una toalla limpia y déjalos reposar durante unos 30 a 45 minutos, momento en el cual los panecillos deberían haber duplicado su tamaño. Precalienta el horno a 350 grados F.

g) Separa la yema del huevo restante y unta la clara sobre los panecillos. Hornee durante 15 a 20 minutos, luego retire los panecillos del horno y unte con la cantidad deseada de mantequilla derretida. Separe los panecillos, sírvalos con aún más mantequilla y disfrute.

ENSALADAS Y ENSALADA DE COL

47.Ensalada Cobb De Pollo A La Parrilla

Rinde: 6 porciones
INGREDIENTES:
- 1 taza de mayonesa
- ½ taza de suero de leche
- ½ taza de crema agria
- ½ taza de queso azul desmenuzado
- 1 cucharadita de salsa tabasco
- ¼ de cucharadita de pimienta negra gruesa
- 1 cucharadita de pimentón
- 1 cucharadita de ajo en polvo
- ½ cucharadita de sal kosher
- ½ cucharadita de pimienta negra molida
- ½ cucharadita de pimienta de cayena
- 1 libra de pechuga de pollo cortada fina
- 2 cucharadas de aceite vegetal
- 4 corazones de lechuga romana, picados
- 2 tomates roma, picados
- ¼ de taza de cebollas verdes picadas
- 6 rebanadas de tocino cocido, picado
- 3 huevos duros, rebanados
- 1 aguacate gigante, pelado y rebanado
- ½ taza de picatostes

INSTRUCCIONES

a) En un tazón mediano, combine la mayonesa, el suero de leche y la crema agria. Revuelva hasta que esté suave y agradable. Luego agregue el queso azul desmenuzado, el Tabasco y la pimienta negra. Mezcla hasta que esté bien combinado y refrigera el aderezo de queso azul por un mínimo de 2 horas.

b) En un tazón pequeño, combine el pimentón, el ajo en polvo, la sal, la pimienta negra y la pimienta de cayena.

c) Coloque el pollo en un plato y espolvoree la mezcla de condimentos por todas partes. Poner a un lado.

d) En una sartén para parrilla mediana a fuego medio, rocíe el aceite. Una vez que el aceite esté bien caliente, agrega el pollo y cocina las pechugas de cada lado durante 8 minutos. Retirar de la sartén y cortar en rodajas finas la pechuga de pollo.

e) En un tazón grande, agregue la lechuga romana, luego cubra con tomates, cebollas verdes, tocino, huevos y aguacate. Agregue los picatostes y el pollo. Sirve con el aderezo de queso azul.

48.Tazas de ensalada de cangrejo

Rinde: 4 porciones

INGREDIENTES:
- 1 libra de carne de cangrejo cocida, real o de imitación
- ½ taza de mayonesa
- 2 tallos de apio, cortados en cubitos
- 1 cebolla morada pequeña, picada
- 1 pimiento rojo pequeño, cortado en cubitos
- 1 diente de ajo, picado
- 1 cucharadita de condimento Old Bay
- 4 hojas pequeñas de lechuga romana
- 2 cucharadas de perejil fresco picado

INSTRUCCIONES

a) En un tazón grande, agregue el cangrejo, la mayonesa, el apio, la cebolla, el pimiento, el ajo y el condimento Old Bay. Revuelve los ingredientes.

b) Vierta la mezcla de ensalada sobre las hojas de lechuga romana y cubra con perejil picado antes de servir.

49. Ensalada Louie de camarones en capas

Rinde: 10 a 12 porciones

INGREDIENTES:
- 3 corazones de lechuga romana, picados
- 1 cebolla morada grande, picada
- 6 huevos duros, pelados y cortados en rodajas
- 6 tomates roma pequeños , picados
- 3 aguacates grandes, pelados y rebanados
- 3 libras de camarones pequeños cocidos
- 2 tazas de picatostes
- Aderezo para ensalada de las Mil Islas

INSTRUCCIONES

a) En un bol grande, añade la lechuga. Luego agrega una capa de cebolla. Luego agrega una capa de huevo, una capa de tomate, una capa de aguacate y una capa de camarones. Por encima, agregue una capa de picatostes. Sirve y disfruta con Thousand Island o tu aderezo para ensaladas favorito.

50.Ensalada de guisantes de carita

Rinde: 6 a 8 porciones

INGREDIENTES:
- 2 latas (14,5 onzas) de guisantes de carita, escurridos
- 8 rebanadas de tocino cocido, picado
- 2 tomates roma grandes , picados
- 1 pimiento verde mediano, cortado en cubitos
- ½ cebolla morada mediana, picada
- 2 cucharadas de aceite de oliva virgen extra
- 2 cucharaditas de salsa picante
- ½ cucharadita de pimienta negra molida
- 4 corazones de lechuga romana, picados

INSTRUCCIONES

a) En un tazón grande, combine los guisantes de carita, el tocino, los tomates, el pimiento morrón y la cebolla.

b) En un tazón pequeño, combine el aceite de oliva, la salsa picante y la pimienta negra. Mezclar bien usando un batidor.

c) Rocíe la mezcla de aceite de oliva sobre los guisantes de carita. Agregue la lechuga romana y luego mezcle los ingredientes. Sirve con tu aderezo favorito.

51. Ensalada de papa sureña

Rinde: 6 a 8 porciones

INGREDIENTES:
- 4 patatas russet grandes, peladas y picadas
- 3 huevos duros, pelados
- ¼ taza de apio cortado en cubitos
- ¼ taza de cebolla verde picada
- 1½ cucharaditas de cebolla en polvo
- 1 cucharadita de pimienta negra molida
- 1 cucharadita de sal kosher
- 1 cucharadita de ajo en polvo
- ½ taza de mayonesa
- ¼ de taza de salsa dulce
- ⅓ taza de salsa de eneldo
- 2 cucharadas de mostaza amarilla
- 2 cucharadas de jugo de pepinillo encurtido
- Pimentón (opcional)

INSTRUCCIONES

a) En una olla grande a fuego alto, hierve las papas hasta que estén tiernas y tiernas, de 10 a 15 minutos. Una vez hecho esto, escurre el agua y deja que las patatas se enfríen antes de transferirlas a un tazón grande.

b) Desmenuza los huevos en el bol con las patatas. Agrega el apio y la cebolla y revuelve. Espolvorea la cebolla en polvo, la pimienta negra, la sal y el ajo en polvo. Mezcle bien y luego deje el tazón a un lado.

c) En un tazón pequeño, combine la mayonesa, las salsas, la mostaza y el jugo de pepinillos. Mezclar bien y luego agregar a las patatas. Doble todos los ingredientes hasta que estén bien combinados , cubra y refrigere hasta que la ensalada de papa esté bien fría. Servir con pimentón espolvoreado por encima.

52. Ensalada De Macarrones Con Mariscos

Rinde: 10 porciones

INGREDIENTES:
- 1 cucharadita de sal kosher, para hervir la pasta
- 3 tazas de pasta seca para codos (grande o pequeña funcionará)
- 1 taza de mayonesa
- ¼ taza de jugo de limón
- 2 cucharadas de mostaza amarilla
- 1 cucharadita de condimento cajún
- 1 cucharadita de condimento Old Bay
- 1 cucharadita de ajo picado
- 1 libra de camarones cocidos, pelados
- 1 libra de carne de cangrejo de imitación
- ¼ taza de cebolla verde picada
- ⅓ taza de apio cortado en cubitos
- ½ taza de aceitunas negras en rodajas
- 1 cucharada de hojuelas de perejil seco

INSTRUCCIONES

a) En una olla mediana a fuego alto, hierva el agua y la sal. Agrega la pasta y cocina hasta que esté al dente. Escurre la pasta una vez lista y enjuágala con agua fría para detener el proceso de cocción.

b) En un tazón grande, combine la mayonesa, el jugo de limón y la mostaza. Mezclar hasta que esté bien combinado. Luego espolvoree el condimento cajún, el condimento Old Bay y el ajo. Mezclar bien.

c) Agrega los mariscos y revuelve o revuelve en el tazón hasta que quede cubierto con el aderezo. Agrega las cebollas, el apio, las aceitunas y la pasta. Doble todos los ingredientes, espolvoree las hojuelas de perejil seco y vuelva a doblar. Cubre la pasta y refrigera por al menos 1 hora antes de servir.

53.Ensalada de col

Rinde: 8 a 10 porciones

INGREDIENTES:
- 2 tazas de mayonesa
- ¼ taza de azúcar granulada (opcional, si la quieres dulce)
- 2 cucharaditas de mostaza amarilla
- 2 cucharaditas de sal kosher
- ½ cucharadita de pimienta negra molida
- 1 cabeza grande de col verde, rallada
- 2 zanahorias grandes, peladas y ralladas

INSTRUCCIONES

a) En un tazón grande, combine la mayonesa, el azúcar, la mostaza, la sal y la pimienta.

b) Mezcle hasta que esté bien combinado, luego agregue el repollo rallado y las zanahorias.

c) Mezcle hasta que esté bien cubierto. Cubra el recipiente y refrigere durante al menos 1 hora, o hasta que esté frío, antes de servir.

54.Hojas de berza alimentaria

Rinde: 6 porciones

INGREDIENTES:
- 1 libra de puntas de tocino, picadas y más para decorar
- 1 cebolla amarilla grande, picada
- 1 cucharadita de ajo picado
- 6 tazas de caldo de pollo
- 2 tazas de agua
- 4 libras de col rizada, limpia y cortada
- 1 cucharadita de sal para condimentar
- ½ cucharadita de pimienta negra molida
- 1 chile jalapeño grande, en rodajas
- 2 a 3 cucharadas de vinagre blanco destilado

INSTRUCCIONES

a) En una olla a fuego medio, dora el tocino.

b) Una vez que el tocino esté dorado, agregue las cebollas y cocine hasta que comiencen a sudar, de 3 a 5 minutos. Agrega el ajo y cocina por 1 minuto más.

c) Vierta el caldo de pollo, suba el fuego a alto y hierva durante 20 minutos.

d) Vierta el agua y baje el fuego a medio. Comience a agregar las hojas de col a la olla. Una vez que se hayan agregado todas las verduras, espolvoree la sal para condimentar y la pimienta negra molida.

e) Agrega el jalapeño en rodajas y el vinagre y revuelve los ingredientes. Tapa la olla y cocina a fuego lento durante 1 hora y 10 minutos a fuego medio, revolviendo ocasionalmente. Deje enfriar un poco y decore con tocino extra antes de servir.

55. Ensalada tradicional de tomates y nectarinas

Hace: 6

INGREDIENTES:
- ¼ de taza de aceite de oliva extra virgen
- 3 cucharadas de pistachos tostados sin cáscara
- 2 cucharadas de vinagre balsámico o vinagre balsámico blanco
- 2 cucharaditas de miel
- 12 hojas de albahaca fresca, picadas en trozos grandes
- 2 ramitas de tomillo fresco, picado
- 1 diente de ajo rallado
- Hojuelas de pimiento rojo triturado
- Sal kosher
- 2½ tazas de tomates cherry partidos por la mitad
- 2 nectarinas, cortadas en gajos
- 2 bolas de queso burrata, desmenuzadas
- 2 cucharadas de cebollino fresco picado, para servir
- Sal marina en escamas, para servir

INSTRUCCIONES:
a) En un procesador de alimentos, combine el aceite de oliva, los pistachos, el vinagre, la miel, la albahaca, el tomillo, el ajo, las hojuelas de pimiento rojo y una pizca de sal y presione hasta que esté finamente molido, aproximadamente 1 minuto.
b) En un tazón mediano, combine los tomates y las nectarinas. Agrega el puré de pistacho y revuelve para cubrir.
c) Deje marinar a temperatura ambiente durante 10 a 20 minutos o cúbralo con film transparente durante la noche en el refrigerador.
d) Para servir, divida la ensalada en partes iguales entre seis tazones y cubra cada uno con un poco de burrata, cebollino y una pizca de sal en escamas.

Sándwich y Wraps

56.Sándwich de tomate y queso pimiento

Rinde: 8 a 12 porciones
INGREDIENTES:
PARA EL QUESO PARA UNTAR:
- ½ taza de mayonesa
- 4 onzas de queso crema
- 3 tazas de queso cheddar fuerte rallado
- 1 frasco (4 onzas) de pimientos picados en cubitos, escurridos
- 1 cucharada de cebolla amarilla picada
- 1 cucharadita de ajo picado
- 1 cucharadita de salsa inglesa
- ½ cucharadita de pimienta negra molida

PARA LOS TOMATES:
- 1 taza de harina con levadura
- 1 taza de harina de maíz amarillo
- ½ cucharadita de sal kosher
- ½ cucharadita de pimienta negra molida
- 2 huevos
- ½ taza de suero de leche
- 4 tomates verdes grandes, cortados en rodajas de ½ pulgada de grosor
- 2 tazas de aceite vegetal, para freír
- 2 barras de pan francés, cortadas por la mitad a lo largo

INSTRUCCIONES

a) En un tazón grande, combine la mayonesa y el queso crema y mezcle hasta que estén bien combinados. Agrega el queso cheddar, los pimientos, la cebolla, el ajo, la salsa inglesa y la pimienta negra. Mezcla hasta que esté bien incorporado, tapa el bol y refrigera por un mínimo de 6 horas.

b) En un tazón mediano, combine la harina con levadura, la harina de maíz, la sal y la pimienta negra. Mezclar hasta que esté bien incorporado y reservar.

c) En otro tazón mediano, combine los huevos y el suero de leche y mezcle bien.

d) Seque los tomates en rodajas con toallas de papel. Sumerge los tomates en la mezcla de huevo y luego en la mezcla de harina. Deja reposar los tomates durante 5 minutos.

e) En una sartén grande a fuego medio, vierte el aceite vegetal hasta que tenga de 2 a 3 pulgadas de profundidad. Agregue los tomates y fríalos hasta que estén dorados, de 3 a 4 minutos.

f) Unte el queso pimiento en la mitad inferior del pan francés, luego cubra con los tomates fritos y la mitad superior del pan francés. Cortar en sándwiches individuales y servir.

57.Queso Asado De Cangrejo Y Langosta

Rinde: 2 porciones

INGREDIENTES:
- ½ taza de carne de langosta cocida
- ½ taza de carne de cangrejo cocida
- 2 cucharadas de mantequilla salada, derretida
- 1 cucharadita de condimento Old Bay
- ½ cucharadita de ajo picado
- 4 rebanadas de pan de ajo tostado Texas
- 4 rebanadas gruesas de queso cheddar fuerte
- 4 rebanadas gruesas de queso Havarti

INSTRUCCIONES

a) En un tazón grande, mezcle la langosta, el cangrejo, la mantequilla derretida, el condimento Old Bay y el ajo. Mezcle bien y luego deje el tazón a un lado.

b) Coloque dos rebanadas de tostada texana en un plato y cubra cada una con una rebanada de queso cheddar y Havarti. Divide la mezcla de mariscos por la mitad y agrega la mitad a cada rebanada de pan tostado. Cubra los mariscos con el queso restante y las rebanadas de pan.

c) Utilice una prensa para sándwiches o una sartén caliente para asar cada lado del sándwich hasta que esté dorado y el queso se derrita . ¡Servir y disfrutar!

58. Cerdo desmenuzado a la barbacoa en olla de cocción lenta

Rinde: 6 porciones

INGREDIENTES:
- 2 a 3 libras de paleta de cerdo asada
- 1 cucharada de aceite vegetal
- 2 cucharadas de humo líquido
- 2 cucharaditas de vinagre de sidra de manzana
- ¼ de taza de azúcar moreno oscuro
- 2 cucharadas de pimentón ahumado
- 2 cucharaditas de sal kosher
- 1 cucharadita de pimienta negra molida
- 1 cucharadita de mostaza en polvo
- 1 a 1½ tazas de salsa BBQ de nogal americano

INSTRUCCIONES

a) En una bandeja para hornear grande, coloque el asado y rocíe el aceite vegetal por encima, seguido del humo líquido y el vinagre.

b) En un tazón pequeño, combine el azúcar con el pimentón, la sal, la pimienta y la mostaza en polvo. Cubra el asado con la mezcla de especias.

c) Coloque el asado en una olla de cocción lenta de 6 cuartos y cúbralo con la tapa. Cocine a fuego lento durante 4 horas.

d) Triture la carne y vierta la salsa BBQ. Revuelva, luego cocine por 2 horas más (aún a fuego lento). ¡Luego sirve y disfruta!

SOPAS, GUISOS Y CURRY

59.Sopa de almejas, camarones y cangrejo

Rinde: 10 porciones

INGREDIENTES:
- ½ libra de tocino, picado
- 1 cebolla amarilla grande, picada
- 2 zanahorias medianas, peladas y cortadas en cubitos
- 2 tallos de apio, cortados en cubitos
- 2½ tazas de caldo de mariscos
- 2 patatas rojas grandes, peladas y cortadas en cubitos
- 3 dientes de ajo, picados
- ¾ taza (1½ barra) de mantequilla salada
- ¾ taza de harina para todo uso
- 2 tazas de crema espesa
- 2 tazas de leche entera
- 1 taza de almejas picadas
- ½ taza de carne de cangrejo
- 2 cucharaditas de sal kosher
- 1 cucharadita de pimienta negra molida
- ½ libra de camarones crudos medianos, pelados y desvenados
- 2 cucharadas de perejil fresco picado

INSTRUCCIONES

a) Echa el tocino en una olla grande y enciende el fuego a medio. Cocine el tocino hasta que esté crujiente. Luego retíralo de la olla, reserva la grasa de la olla y deja el tocino a un lado.

b) Agrega la cebolla, la zanahoria y el apio a la olla. Cocine hasta que estén tiernos y tiernos, luego vierta el caldo de mariscos. Añade las patatas y el ajo y cocina a fuego lento durante unos 15 minutos, todavía a fuego medio.

c) Mientras se cocina, en una cacerola mediana, agrega la mantequilla y derrítela a fuego medio. Espolvorea la harina y bate. Cocine durante 3 minutos, revolviendo continuamente, luego vierta la nata y la leche. ¡Asegúrate de batir para que no quede grumos!

d) Vierta la mezcla de mantequilla y harina en la olla grande con los demás ingredientes y revuelva. Agrega las almejas, el cangrejo, la sal y la pimienta negra. Mezcle los ingredientes, luego reduzca el fuego a bajo.

e) Agrega los camarones y el tocino y revuelve. Cocine a fuego lento durante 15 minutos. Complete con perejil fresco antes de servir.

60. estofado Brunswick

Rinde: 8 a 10 porciones

INGREDIENTES:
- 6 tazas de caldo de pollo
- 2 tazas de cerdo desmenuzado a la barbacoa en olla de cocción lenta
- 2 tazas de pollo picado, cocido
- 2 tazas de habas congeladas o secas
- 3 patatas russet medianas, peladas y cortadas en cubitos
- 1 lata (14 onzas) de tomates cortados en cubitos en jugo de tomate
- 1 cebolla morada grande, picada
- 1½ tazas de guisantes y zanahorias congelados
- 1½ tazas de okra congelada
- 1 taza de maíz congelado
- 1 taza de salsa BBQ de nogal americano
- 3 dientes de ajo, picados
- 2 cucharadas de salsa inglesa
- 2½ cucharaditas de sal para condimentar
- 1 cucharadita de pimienta negra molida
- ½ cucharadita de comino molido

INSTRUCCIONES

a) Agregue todos los ingredientes a una olla de cocción lenta de 6 cuartos. Remueve hasta que todo esté bien incorporado. Tapa la olla de cocción lenta y pon el fuego a fuego lento.

b) Cocine por 5 horas y luego sirva. Las sobras se pueden almacenar en un recipiente hermético en el refrigerador hasta por 5 días.

61.Gumbo

Rinde: 8 a 10 porciones

INGREDIENTES:
- 1¼ taza de aceite vegetal, cantidad dividida
- 1 libra de muslos de pollo deshuesados y sin piel
- 2 cucharaditas de sal para condimentar, cantidad dividida
- 1½ cucharaditas de pimienta negra molida, cantidad dividida
- 1 cucharadita de condimento para aves
- 1 cucharadita de cebolla en polvo
- 1 cucharadita de ajo en polvo
- 2 cuartos de caldo de pollo, cantidad dividida
- 1½ tazas de apio picado
- 2 pimientos verdes grandes, picados
- 1 cebolla amarilla grande, picada
- 2 cucharaditas de ajo picado
- ½ taza de harina para todo uso
- 1 libra de salchicha andouille, picada
- 1 lata (14 onzas) de tomates cortados en cubitos
- 3 a 4 hojas de laurel
- ½ libra de okra, picada
- 1 taza de camarones secos
- 2 libras de cangrejo real de Alaska
- 1 libra de camarones grandes, pelados y desvenados
- 2½ cucharaditas de filete de gumbo molido
- Perejil fresco picado, para decorar

INSTRUCCIONES

a) En una sartén mediana a fuego medio, vierte ¼ de taza de aceite vegetal. Una vez que el aceite esté caliente, coloca los muslos de pollo en la sartén. Sazone el pollo con 1 cucharadita de sal sazonadora, ½ cucharadita de pimienta negra, el condimento para aves, cebolla en polvo y ajo en polvo. Dore cada lado del pollo, aproximadamente 5 minutos por lado, luego vierta ½ taza de caldo de pollo. Tapa la sartén y deja que el pollo se cocine hasta que esté completamente cocido, aproximadamente 15 minutos. Una vez hecho esto, retira el pollo de la sartén y déjalo a un lado en un plato.

b) En la misma sartén, agrega el apio, los pimientos morrones y la cebolla y cocina por 2 minutos. Agregue el ajo y cocine hasta que las verduras estén bonitas y traslúcidas, luego apague el fuego.

c) En una olla grande a fuego medio, vierte la 1 taza restante de aceite vegetal. Una vez que el aceite esté caliente, comience a espolvorear la harina poco a poco. Revuelva continuamente para evitar grumos y cocine hasta que el roux adquiera un color marrón mantequilla de maní, aproximadamente 30 minutos.

d) Una vez que el roux esté bien dorado, vierte lentamente el caldo de pollo restante. Agregue las verduras cocidas, el pollo y las salchichas. Revuelva todo bien y espolvoree la 1 cucharadita restante de sal para condimentar y 1 cucharadita de pimienta negra. Agrega los tomates y las hojas de laurel. Revuelva, cubra y luego cocine durante unos 20 minutos.

e) Agregue la okra picada y los camarones secos. Revuelva, cubra y cocine a fuego lento durante 20 minutos más.

f) Ahora agrega el cangrejo. Asegúrate de que el cangrejo y los demás ingredientes queden bien cubiertos con el caldo. Cocine a fuego lento durante otros 20 minutos y luego agregue los camarones crudos. Revuelve los ingredientes y reduce el fuego a bajo.

g) Espolvoree el gumbo filé, revuelva y cocine por 7 minutos. Apaga el fuego y deja reposar el gumbo durante un par de minutos. Adorne con perejil y sirva con arroz al vapor o pan de maíz.

62. Etouffee camarones

Rinde: 4 porciones

INGREDIENTES:
- ½ taza de mantequilla salada
- ½ taza de harina para todo uso
- 1 cucharada de aceite vegetal
- 1 pimiento verde grande, cortado en cubitos
- ½ cebolla mediana, picada
- 2 tallos de apio, cortados en cubitos
- 3 dientes de ajo, picados
- 1 lata (14 onzas) de tomates cortados en cubitos
- 1 cucharada de pasta de tomate
- 2 tazas de caldo de pollo o caldo de mariscos
- 2 ramitas de tomillo fresco y más para decorar
- 1½ cucharaditas de condimento criollo
- 1 cucharadita de salsa inglesa
- ½ cucharadita de pimienta negra molida
- ½ cucharadita de hojuelas de pimiento rojo
- 2 libras de camarones gigantes crudos, pelados y desvenados
- 2 tazas de arroz blanco cocido

INSTRUCCIONES

a)   En una cacerola grande a fuego medio, derrita la mantequilla. Una vez que la mantequilla se derrita , agrega la harina y bate hasta que todo esté bien combinado. Cocine el roux hasta que alcance un bonito y rico color marrón, de 10 a 15 minutos, ¡pero asegúrese de no quemarlo!

b)   Agregue los pimientos morrones, la cebolla, el apio y el ajo. Cocine hasta que las verduras se ablanden, de 3 a 5 minutos. Luego agregue los tomates cortados en cubitos y la pasta de tomate. Vierta lentamente el caldo y agregue el tomillo fresco. Mezcle hasta que todo esté bien combinado , luego espolvoree el condimento criollo, la salsa inglesa, la pimienta negra y las hojuelas de pimiento rojo. Revuelve los ingredientes y deja cocinar por 5 minutos a fuego medio-alto.

c)   Comience a agregar lentamente los camarones y revuelva. Reduce el fuego a bajo y cocina por 5 minutos más. Retire las ramitas de tomillo. Adorne con tomillo y sirva con arroz caliente.

63. Guiso de rabo de buey

Rinde: 6 a 8 porciones
INGREDIENTES:
- ½ taza de harina para todo uso
- 3½ cucharaditas de sal para condimentar
- 2 cucharaditas de pimentón
- ½ cucharadita de pimienta negra molida
- 4 libras de rabos de toro, sin grasa
- ¼ taza de aceite vegetal
- 1 cebolla amarilla grande, picada
- 1 lata (14,5 onzas) de tomates cortados en cubitos
- 4 dientes de ajo
- 3 ramitas de tomillo fresco
- 3 hojas de laurel
- 1 lata (6 onzas) de pasta de tomate
- 1 cuarto (32 onzas) de caldo de res
- 1 libra de zanahorias pequeñas
- 1½ libras de papas rojas tiernas, picadas

INSTRUCCIONES

a) Tome una bolsa grande para congelador con cierre hermético y agregue la harina, la sal para condimentar, el pimentón y la pimienta negra. Agita la bolsa para asegurarte de que todo quede bien incorporado. Empieza añadiendo los rabos de toro, uno a la vez, y agita la bolsa para cubrirlos. Una vez que los rabos de toro estén cubiertos, colóquelos en un plato o bandeja para hornear.

b) En una sartén grande a fuego medio, vierte el aceite vegetal. Una vez que el aceite esté caliente, empieza a añadir los rabos de toro. Dore todas las superficies de los rabos de toro, aproximadamente 3 minutos por cada lado, luego retírelos de la sartén y colóquelos en una olla de cocción lenta de 6 cuartos.

c) Echa la cebolla a la sartén y cocina hasta que esté tierna. Agrega a la olla de cocción lenta con los rabos de toro, junto con los tomates, el ajo, el tomillo y las hojas de laurel.

d) En un tazón grande, combine la pasta de tomate y el caldo de res y mezcle hasta que estén bien combinados. Vierta esta mezcla en la olla de cocción lenta, póngala a fuego lento y cocine durante 6 horas.

e) Agrega las zanahorias y las patatas, revuelve y cocina por 2 horas más. ¡Luego sirve y disfruta!

BARBACOA Y PARRILLA

64. Po'boys familiares de camarones a la parrilla

Rinde: 3 a 4 porciones

INGREDIENTES:
- 1½ libras de camarones, pelados, desvenados y sin colas
- 2 cucharadas de aceite de oliva virgen extra
- 2½ cucharaditas de condimento para ennegrecer
- 1 cucharadita de condimento criollo
- 1 cucharadita de ajo picado
- Aceite vegetal, para la sartén grill.

PARA LA MAYONESA CRIOLLA:
- 1 taza de mayonesa
- 1 cucharada de cebolla amarilla picada
- 2 cucharaditas de miel y mostaza Dijon
- 1½ cucharaditas de ajo picado
- 1½ cucharaditas de condimento criollo
- 3 a 4 hoagie o panecillos franceses
- 2 tomates medianos, rebanados
- 1 taza de lechuga rallada

INSTRUCCIONES

a) En un tazón grande, rocíe los camarones con aceite de oliva. Espolvorea el condimento para ennegrecer, el condimento criollo y el ajo. Mezcle los camarones para mezclar y luego déjelos a un lado.

b) Engrase ligeramente una sartén para grill y colóquela a fuego medio-alto. Una vez que la sartén esté caliente, agrega los camarones y cocina de 5 a 7 minutos. Retire los camarones de la sartén y colóquelos en un plato limpio.

c) En un tazón mediano, agrega la mayonesa, la cebolla, la mostaza, el ajo y el condimento criollo. Mezclar bien.

d) Unte la cantidad deseada de mayonesa criolla en ambos lados de los panecillos. Agrega los tomates en el fondo del hoagie y coloca los camarones encima. ¡Cubra los camarones con lechuga rallada, sirva y disfrute!

65.Costillas BBQ Al Horno

Rinde: 8 a 10 porciones

INGREDIENTES:
- 6 libras de costillas estilo Saint Louis, sin membrana
- 2 cucharadas de aceite vegetal
- ¼ taza de azúcar moreno
- 2 cucharadas de pimienta negra recién molida
- 2 cucharadas de pimentón ahumado, dulce o normal
- 2 cucharadas de cebolla en polvo
- 2 cucharadas de ajo en polvo
- 1 cucharada de sal kosher
- 2 cucharaditas de hojuelas de perejil seco
- 1½ cucharaditas de mostaza seca
- 1½ cucharaditas de hojuelas de pimiento rojo
- 1 cucharada de humo líquido de nogal americano
- 1½ cucharadas de vinagre de manzana
- salsa BBQ

INSTRUCCIONES
a) Precalienta el horno a 375 grados F.
b) En una fuente para hornear de 9 por 13 pulgadas, agregue las costillas y rocíe el aceite por toda la parte delantera y trasera. Espolvoree azúcar, pimienta negra, pimentón, cebolla y ajo en polvo, sal, perejil, mostaza y hojuelas de pimiento rojo. Rocíe el humo líquido y el vinagre sobre las costillas y cepille o frótelas hasta que queden completamente cubiertas.
c) Cubre las costillas con papel de aluminio y hornea por 1 hora y 20 minutos. Retire las costillas del horno y retire el papel de aluminio.
d) Unte las costillas con su salsa BBQ favorita y encienda el horno para asar. Ase las costillas hasta que la salsa esté agradable y pegajosa, de 3 a 5 minutos. Retirar del horno y dejar reposar 5 minutos antes de servir.

66.Costillas Fritas

Rinde: 8 porciones
INGREDIENTES:
- 4 libras de costillas de cerdo extra tiernas, sin membrana

PARA LA SALMUERA:
- 8 tazas de agua fría
- 4 cucharadas de azúcar granulada
- 2 cucharadas de sal kosher

PARA LAS COSTILLAS:
- ½ taza de salsa picante suave
- 1½ tazas de harina con levadura
- 2½ cucharaditas de sal para condimentar
- 2 cucharaditas de cebolla en polvo
- 2 cucharaditas de ajo en polvo
- 2 cucharaditas de pimentón
- 1½ cucharaditas de pimienta negra molida
- ½ cucharadita de pimienta de cayena
- 2 tazas de aceite vegetal, para freír

INSTRUCCIONES

a) Corta las costillas en secciones y colócalas en un bol grande. Poner a un lado.

b) En un tazón grande aparte, combine el agua, el azúcar y la sal. Revuelve hasta que la sal y el azúcar se disuelvan, luego vierte la salmuera por todas las costillas. Cubra el recipiente y refrigere durante la noche (6 a 8 horas), luego escurra. Una vez que escurras la salmuera de las costillas, no las enjuagues.

c) Vierta salsa picante por todas las costillas y asegúrese de que queden bien cubiertas. Deja las costillas a un lado.

d) Tome una bolsa grande para congelar y agregue la harina, la sal para condimentar, la cebolla en polvo, el ajo en polvo, el pimentón, la pimienta negra y la pimienta de cayena. Agita la bolsa para asegurarte de que todo quede bien incorporado. Comience a agregar las costillas a la bolsa y agítela para cubrirlas. ¡Repita el proceso de agitación dos veces para asegurarse de obtener una buena capa! Coloque las costillas rebozadas en una bandeja para hornear.

e) En una sartén o freidora, vierta suficiente aceite para cubrir las costillas aproximadamente ½ pulgada. Calienta el aceite a 360 grados F.

f) Comience a agregar lentamente las costillas. Si usas una sartén, asegúrate de darles la vuelta a las costillas cada 3 a 5 minutos. Freír cada lote durante unos 15 minutos hasta que estén dorados. Una vez listo, coloque las costillas fritas en una bandeja para hornear forrada con papel toalla. Sirve con tu salsa picante favorita.

67. Costillas campestres con limón, pimienta y miel

Rinde: 6 porciones

INGREDIENTES:
- Aceite vegetal, para engrasar
- ¼ taza de mostaza amarilla
- 2 cucharadas de azúcar moreno
- 2 cucharadas de cebolla amarilla picada
- 1½ cucharadas de pimienta limón
- 1 cucharada de ajo picado
- 2 cucharaditas de pimentón
- 2 libras de costillas de cerdo
- ¼ taza de miel
- 1 cucharada de maicena

INSTRUCCIONES

a) Precaliente el horno a 325 grados F. Engrase ligeramente una fuente para hornear de 9 por 13 pulgadas y luego déjela a un lado.

b) En un tazón pequeño, combine la mostaza, el azúcar, la cebolla, el limón, el ajo y el pimentón.

c) En un bol grande o sobre una superficie plana, frota la mezcla de mostaza por todas las costillas. Coloque las costillas en la fuente para horno y cúbralas con papel de aluminio. Hornear en el horno durante 1 hora. Retirar del horno y destapar.

d) En un tazón pequeño o en una taza grande, vierte el líquido del fondo de la fuente para hornear. Agrega la miel y la maicena y mezcla hasta que no queden grumos.

e) Vierta la mezcla de miel sobre las costillas. Hornee nuevamente en el horno, sin tapar, durante 1½ horas más, y asegúrese de rociar cada 30 minutos con el líquido del fondo del molde. Retirar del horno y dejar enfriar antes de servir.

68. Asado de cerdo relleno de ajo en olla de cocción lenta

Rinde: 8 a 10 porciones

INGREDIENTES:
- 3 a 4 libras de lomo de cerdo asado deshuesado
- 6 a 8 dientes de ajo
- 1 taza de cebollas verdes picadas
- 1 paquete (0,75 onzas) de condimento ranchero
- 1 cucharadita de pimienta negra molida
- 2 tazas de caldo de pollo
- 1 libra de zanahorias pequeñas
- 1 libra de papas rojas, lavadas y picadas

INSTRUCCIONES

a)   Haz de 6 a 8 agujeros en el asado y rellénalos con los dientes de ajo. Coloque con cuidado el asado en una olla de cocción lenta de 6 cuartos.

b)   Agregue las cebollas verdes, luego espolvoree el condimento ranchero y la pimienta negra por todo el asado. Vierta el caldo de pollo. Pon la olla de cocción lenta a temperatura alta y cocina durante 2 horas.

c)   Agrega las zanahorias y las patatas, revuelve y cocina por 2 horas más. Atender.

69. Pechuga de res en olla de cocción lenta

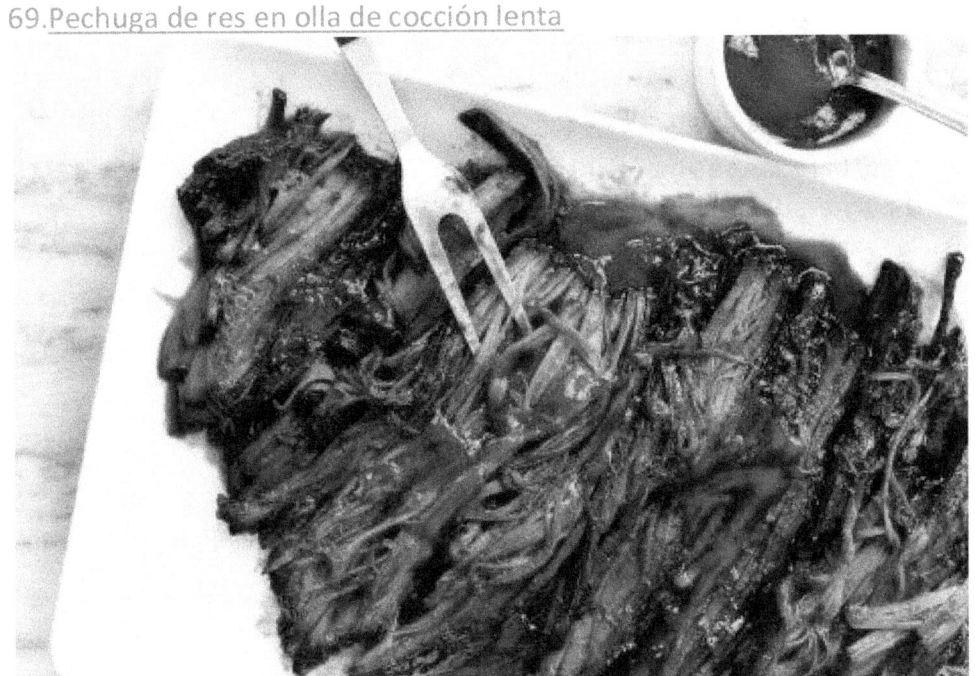

Rinde: 10 a 12 porciones

INGREDIENTES:
- 2 cucharadas de aceite de oliva virgen extra
- 2 cucharadas de vinagre de sidra de manzana
- 1 cucharada de humo líquido
- ½ taza de azúcar moreno claro
- 2 cucharadas de ajo en polvo
- 2 cucharadas de cebolla en polvo
- 2 cucharadas de pimentón
- 1 cucharada de sal kosher
- 1 cucharada de hojuelas de perejil seco
- 1 cucharadita de pimienta negra molida
- 1 cucharadita de pimienta de cayena
- 7 a 8 libras de pechuga de res

INSTRUCCIONES

a) En un tazón pequeño, combine el aceite, el vinagre, el humo líquido, el azúcar, el ajo y la cebolla en polvo, el pimentón, la sal, el perejil, la pimienta negra y la cayena con un batidor. Frote la mezcla por toda la pechuga.

b) Rocíe una olla de cocción lenta de 6 cuartos con aceite en aerosol antiadherente y coloque la pechuga adentro. Pon la olla de cocción lenta a fuego lento y cocina durante 12 horas.

c) Forre una fuente para hornear de 9 por 13 pulgadas con papel de aluminio. Una vez que la pechuga esté lista, retírela con cuidado de la olla de cocción lenta y colóquela en la fuente para hornear preparada. Encienda el horno y cocine la pechuga hasta que la "corteza" (la masa) esté de color marrón oscuro, de 3 a 5 minutos.

d) Retira la pechuga del horno, cúbrela con papel de aluminio y déjala reposar 1 hora antes de servir.

70.Rabos de toro sofocados en olla de cocción lenta

Rinde: 4 porciones

INGREDIENTES:
- 2½ libras de rabo de toro
- 2 cucharaditas de sal kosher
- 1 cucharadita de pimienta negra recién molida o molida
- 2 cucharadas de salsa inglesa
- 1¼ tazas de harina para todo uso, cantidad dividida
- ¾ taza de aceite vegetal
- 3 tazas de caldo de res o agua
- 1 cebolla amarilla grande, en rodajas
- 3 dientes de ajo, picados
- Perejil fresco picado, para decorar

INSTRUCCIONES

a) En un tazón grande, sazone los rabos de toro con sal y pimienta. Rocíe la salsa inglesa por todas partes y revuelva los rabos de toro para asegurarse de que queden cubiertos . Espolvoree ¼ de taza de harina sobre los rabos de toro y revuelva nuevamente para asegurar una cobertura uniforme.

b) En una sartén grande a fuego medio, vierte el aceite vegetal. Una vez que el aceite esté caliente añadimos los rabos de toro. Una vez que estén bien dorados, retíralos de la sartén y colócalos en una olla de cocción lenta de 6 cuartos mientras preparas la salsa. Si hay trozos de carne quemados en la sartén, vierta el aceite, cuele, limpie la sartén y luego vierta el aceite colado nuevamente en la sartén.

c) 1 taza de harina restante a la sartén, poco a poco. Batir continuamente. Una vez que la harina esté dorada, pareciéndose a mantequilla de maní en trozos, vierta lentamente el caldo. ¡Bate mientras viertes!

d) Asegúrate de que todo no tenga grumos y luego enciende el fuego de medio a alto. Cuando la salsa hierva por completo, reduzca el fuego a medio y agregue la cebolla y el ajo. Revuelve la salsa y haz una prueba de sabor. Añadir sal y pimienta al gusto.

e) Apague el fuego y vierta la salsa en la olla de cocción lenta, cubriendo los rabos de toro. Pon la olla de cocción lenta a temperatura alta y cocina durante 8 horas. Cubra con perejil y sirva con puré de papas o arroz.

71. Albóndigas envueltas en tocino

Hace: 10

INGREDIENTES:
- 1 paquete (26 oz) de albóndigas
- 1 paquete de tocino, cortado en tiras
- 1 botella de salsa BBQ con miel

INSTRUCCIONES :

a) Precalienta el horno a 400 grados Fahrenheit.

b) Forre una bandeja para hornear de 17 "x 11" con papel pergamino.

c) Envuelva un tercio de una rodaja de tocino alrededor de cada albóndiga y fíjela con un palillo.

d) Coloca las albóndigas envueltas en una sola capa sobre el papel pergamino y hornea durante 20-25 minutos, o hasta que el tocino esté cocido.

e) Retire las albóndigas de la sartén y unte con la salsa BBQ con miel.

f) Caramelizar la salsa BBQ regresando las albóndigas al horno por 5 minutos más.

RED ELÉCTRICA

72.Camarones fritos cajún y ostras

Rinde: 4 porciones

INGREDIENTES:
- 1 libra de ostras frescas sin cáscara
- 1 libra de camarones gigantes crudos, pelados y desvenados
- 2 huevos, ligeramente batidos por separado
- ¾ taza de harina para todo uso
- ½ taza de harina de maíz amarillo
- 2 cucharaditas de condimento cajún
- ½ cucharadita de pimienta limón
- 2 tazas de aceite vegetal, para freír

INSTRUCCIONES

a) Coloque las ostras en un tazón mediano y coloque los camarones en un recipiente aparte. Rocíe los huevos sobre los camarones y las ostras (1 huevo por tazón) y asegúrese de que todo quede bien cubierto . Deja los tazones a un lado.

b) En una bolsa grande para congelador con cierre hermético , agregue la harina, la harina de maíz, el condimento cajún y la pimienta con limón. Agita la bolsa para asegurarte de que todo esté bien mezclado. Agregue los camarones a la bolsa y agítelos para cubrirlos, luego retire los camarones y colóquelos en una bandeja para hornear. Ahora agrega las ostras a la bolsa y repite el proceso.

c) En una freidora o sartén, caliente el aceite vegetal a aproximadamente 350 a 360 grados F. Fríe los camarones hasta que estén dorados, aproximadamente de 3 a 4 minutos. Luego fríe las ostras hasta que estén doradas, aproximadamente 5 minutos. Coloque los mariscos en un plato forrado con papel toalla para ayudar a absorber parte del exceso de aceite. Sirva con su salsa favorita.

73.Salmón ahumado

Rinde: 6 porciones

INGREDIENTES:
- 2 cucharadas de azúcar moreno oscuro
- 1 cucharada de azúcar granulada
- 1 cucharada de cebolla en polvo
- 1 cucharada de ajo en polvo
- 1 cucharadita de sal kosher
- 1 cucharadita de pimienta negra gruesa
- ½ cucharadita de hojuelas de pimiento rojo
- 2 libras de filetes de salmón, deshuesados y sin piel
- 2 cucharadas de humo líquido
- Aceite vegetal, para engrasar
- Rodajas de limón, para servir

INSTRUCCIONES

a) En una bolsa ziplock grande , agregue los azúcares, la cebolla y el ajo en polvo, la sal , la pimienta negra y las hojuelas de pimiento rojo. Cierra la bolsa y luego agita para asegurarte de que todo esté bien combinado. Agregue los filetes de salmón y rocíe con el humo líquido. Cierra la bolsa y agita para asegurarte de que el salmón quede bien cubierto . Coloca la bolsa en el frigorífico durante 8 horas.

b) Precaliente el horno a 350 grados F. Engrase ligeramente una fuente para hornear de 9 por 13 pulgadas forrada con papel pergamino.

c) Saca la bolsa del frigorífico, saca el salmón y colócalo en el plato. Deseche la bolsa. Hornea el salmón, descubierto, durante 20 a 25 minutos. Retirar del horno y dejar enfriar. Servir con limón.

74. Bagre frito

Rinde: 4 porciones

INGREDIENTES:
- 2 libras de filetes de bagre
- ¼ taza de mostaza amarilla
- 1 taza de harina de maíz amarillo
- ¾ taza de harina con levadura
- 2¾ cucharaditas de sal para condimentar
- 1½ cucharaditas de pimentón
- 1 cucharadita de pimienta negra molida
- 2 tazas de aceite vegetal, para freír
- Salsa tártara y rodajas de limón, para servir
- Perejil fresco picado, para decorar

INSTRUCCIONES

a) Cubrir los bagres con mostaza amarilla y colocarlos en una bandeja para horno. Poner a un lado.

b) En una bolsa grande para congelador con cierre hermético, agregue la harina de maíz, la harina con levadura, la sal para condimentar, el pimentón y la pimienta negra. Agita la bolsa para asegurarte de que todo esté bien combinado y luego comienza a agregar el bagre. Asegúrate de que el bagre esté bien cubierto, luego saca los filetes de la bolsa y colócalos en un plato.

c) Calienta el aceite en tu freidora o sartén a 350 a 360 grados F, luego fríe el bagre hasta que esté bien dorado (generalmente 10 minutos, pero podría tardar unos minutos más si el pescado está espeso). . Si usas una sartén, voltea el pescado cada 3 a 5 minutos. Retire el pescado del aceite y colóquelo en un plato forrado con papel toalla para ayudar a absorber el exceso de aceite. Sirva con salsa tártara y rodajas de limón y decore con perejil.

75.Rollos de repollo rellenos de jambalaya

Rinde: 6 a 8 porciones

INGREDIENTES:
- 2 cucharadas de aceite de oliva virgen extra
- 1 libra de salchicha andouille, picada
- 1 pimiento rojo grande, cortado en cubitos
- 1 pimiento verde grande, cortado en cubitos
- 1 cebolla morada grande, picada
- 1 lata (14,5 onzas) de tomates cortados en cubitos, sin escurrir
- 2 cucharadas de pasta de tomate
- 5 dientes de ajo, picados
- 2½ cucharaditas de condimento cajún, cantidad dividida
- 2 cucharaditas de tomillo seco
- 2 cucharaditas de pimentón
- 2 cucharaditas de salsa inglesa
- 1½ cucharaditas de sal de apio
- 3 hojas de laurel
- 6 tazas de caldo de verduras, cantidad dividida
- 1½ tazas de arroz blanco crudo
- 1 libra de camarones crudos medianos, pelados y desvenados
- 1 cabeza grande de repollo, sin hojas individualmente
- Aceite vegetal, para engrasar
- 1 taza de salsa de tomate enlatada
- Sal kosher y pimienta negra, al gusto

INSTRUCCIONES
a) En una olla grande a fuego medio, rocía el aceite. Una vez que el aceite esté caliente, echa la salchicha y cocina hasta que se dore. Retire la salchicha de la olla y déjala a un lado.

b) A continuación, añade los pimientos y la cebolla. Cocine hasta que estén tiernos y tiernos, luego agregue los tomates (con el jugo), la pasta de tomate y el ajo. Revuelva bien. Agregue 2 cucharaditas de condimento cajún, el tomillo, el pimentón, la salsa inglesa, la sal de apio, las hojas de laurel y 3 tazas de caldo de verduras. Revuelve los ingredientes y luego vuelve a agregar la salchicha a la olla, junto con el arroz crudo. Revuelve nuevamente y cocina de 25 a 30 minutos, o hasta que se absorba el líquido. Luego agrega los camarones, revuelve y retira del fuego. Poner a un lado.

c) En una olla aparte a fuego medio, agregue las hojas de repollo y las 3 tazas restantes de caldo de verduras. Cocine hasta que el repollo se ablande, luego escurra y enfríe.

d) Engrase ligeramente una fuente para horno. Envuelva aproximadamente ¼ de taza de jambalaya en cada hoja de repollo y coloque los panecillos en la fuente para hornear. Poner a un lado.

e) En un tazón pequeño, combine la salsa de tomate, la ½ cucharadita restante del condimento cajún, la sal y la pimienta. Revuelva hasta que esté bien combinado.

f) Vierta la salsa de tomate sobre los rollitos de repollo, luego cubra la fuente para hornear con papel de aluminio y hornee durante 25 a 30 minutos. Retirar del horno y dejar enfriar antes de servir.

76. spaghetti horneado

Rinde: 10 a 12 porciones

INGREDIENTES:
- 2 libras de carne molida
- 1 libra de salchicha italiana molida
- 1 cebolla amarilla mediana, picada
- 5 dientes de ajo, picados
- 1 frasco (45 onzas) de salsa para pasta con trozos
- 1 cucharada de condimento italiano
- Sal kosher y pimienta negra, al gusto
- 1 libra de espaguetis crudos
- 12 onzas de queso cheddar amarillo intenso, rallado
- 6 onzas de queso cheddar blanco fuerte, rallado

INSTRUCCIONES

a) En una sartén grande a fuego medio, dore la carne molida y la salchicha. Escurre la grasa, luego agrega las cebollas y cocina hasta que estén transparentes, de 3 a 5 minutos. Agregue el ajo, la salsa para pasta, el condimento italiano, la sal y la pimienta. Revuelve los ingredientes y baja el fuego al mínimo. Cocine por 10 minutos.

b) Mientras la salsa hierve a fuego lento, cocine los espaguetis hasta que estén al dente. Escurre la pasta y déjala a un lado.

c) Precalienta el horno a 350 grados F.

d) En una fuente para hornear de 9 por 13 pulgadas, agregue un tercio de la salsa de carne en el fondo. Luego agrega la mitad de la pasta de espagueti, luego la salsa, seguido de la mitad de cada uno de los quesos. Repita el proceso de capas, terminando con el queso. Deje los espaguetis descubiertos y hornee de 30 a 40 minutos. Deje enfriar un poco antes de servir.

77. Filete De Pollo Frito Con Salsa De Salchicha

Rinde: 4 a 6 porciones

INGREDIENTES:
PARA EL FILETE:
- 2 tazas de harina con levadura
- ¼ taza de maicena
- 2½ cucharaditas de sal para condimentar
- 1 cucharadita de ajo en polvo
- 1 cucharadita de cebolla en polvo
- ½ cucharadita de pimienta negra molida
- 1 huevo
- 1½ tazas de suero de leche
- 6 filetes en cubos (alrededor de 2 libras)
- 2 tazas de aceite vegetal, para freír

PARA LA SALSA DE SALCHICHA:
- ½ libra de salchicha de cerdo molida
- 2 cucharadas de aceite vegetal (reservado para freír)
- ⅓ taza de harina para todo uso 2 tazas de leche entera
- Sal kosher y pimienta negra, al gusto
- Cebollas verdes, para decorar

INSTRUCCIONES

a) En una bolsa grande para congelador con cierre hermético, combine la harina, la maicena, la sal para condimentar, el ajo en polvo, la cebolla en polvo y la pimienta negra. Agite la bolsa hasta que todo esté bien incorporado y luego déjela a un lado.

b) En un tazón mediano, combine el huevo y el suero de leche y mezcle bien con un batidor.

c) Sumerja cada uno de los filetes en cubos en la mezcla de suero de leche y luego colóquelos en la bolsa para congelar. Agite la bolsa hasta que los filetes estén bien cubiertos, luego retire los filetes de la bolsa y déjelos a un lado.

d) Vierta aceite vegetal en una freidora o sartén y caliente el aceite a 350 a 360 grados F. Fríe cada filete durante unos 5 minutos, hasta que esté dorado y crujiente. Retirar de la freidora con unas pinzas y colocar los filetes sobre una rejilla.

e) Mientras tanto, empieza a dorar la salchicha de cerdo en una sartén grande a fuego medio, durante unos 5 minutos. Una vez que la salchicha esté dorada, retírela, pero deje la grasa de la salchicha en la sartén.

f) Agrega el aceite vegetal a la sartén y espolvorea la harina. Cuece la harina durante 2 minutos a fuego medio y asegúrate de batirla para que no se queme. Vierta la leche y bata. Asegúrate de que no queden grumos. Una vez que la salsa de leche comience a espesarse, agregue la salchicha nuevamente a la sartén y revuelva.

g) Espolvorea un poco de sal y pimienta al gusto, revuelve y apaga el fuego. Sirva los filetes de pollo frito con la salsa de salchicha encima o al lado. Adorne con cebollas verdes.

78. Chuletas de cerdo fritas

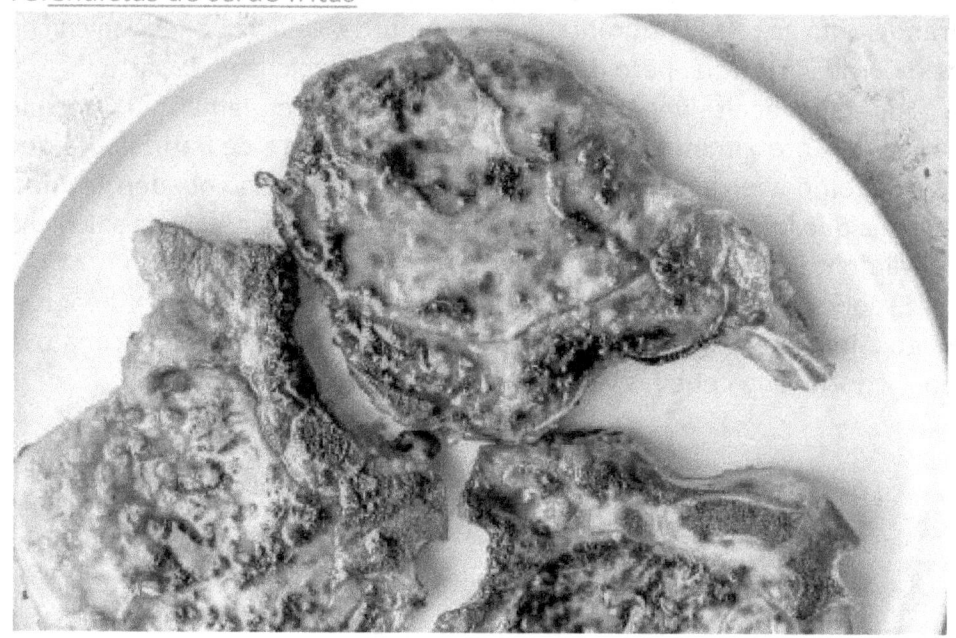

Rinde: 4 a 6 porciones

INGREDIENTES:
- 4 a 6 chuletas de cerdo con hueso, cortadas finas (aproximadamente 1½ libras)
- 2 cucharadas de harina para todo uso
- 2 cucharaditas de sal para condimentar
- 1 cucharadita de cebolla en polvo
- ½ cucharadita de pimienta negra molida
- ½ cucharadita de pimentón
- ¼ cucharadita de pimienta de cayena
- ¼ taza de aceite vegetal

INSTRUCCIONES
a) Coloque las chuletas de cerdo en una bandeja para hornear y luego déjelas a un lado.
b) En un tazón pequeño, combine la harina, la sal, la cebolla en polvo, la pimienta negra, el pimentón y la cayena. Mezclar bien. Espolvorea la harina sazonada por todas las chuletas de cerdo. Asegúrate de conseguir ambos lados.
c) Vierte el aceite vegetal en una sartén grande a fuego medio-alto. Una vez que el aceite esté caliente, agrega las chuletas de cerdo y fríe cada lado de 5 a 7 minutos, o hasta que estén doradas. ¡Retirar de la sartén, servir y disfrutar!

79. Gallinas de Cornualles rellenas de albaricoque

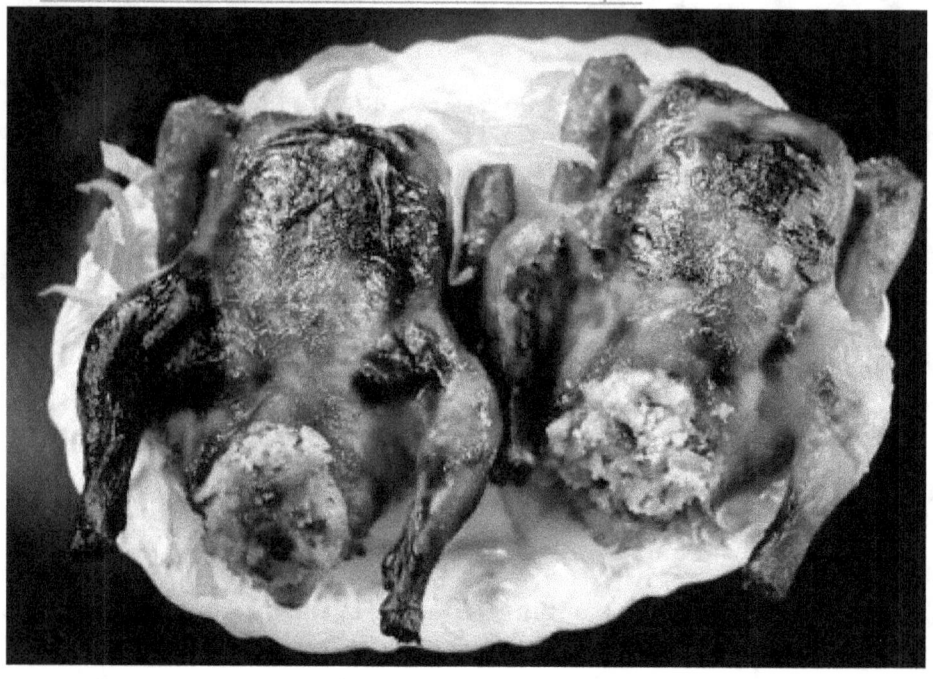

Hace: 6 Porciones

INGREDIENTES:
- 3 tazas de néctar de albaricoque, cantidad dividida
- 3 cucharadas de mantequilla
- 3 tazas de mezcla para relleno
- 3 cucharadas de almendras picadas
- 6 gallinas de Cornualles (1 libra)
- 1 cucharada de condimento para aves
- 1 1/2 cucharaditas de sal
- 2 cucharadas de aceite vegetal
- Miel

INSTRUCCIONES :
a) Precalienta el horno a 350 grados Fahrenheit.
b) Combine 1-1/2 tazas de néctar y la mantequilla en una cacerola mediana y deje hervir a fuego medio.
c) Retire la sartén del fuego y agregue la mezcla de relleno y las almendras; cubra y reserve durante 5 minutos.
d) Rellena 1/2 taza de la mezcla de relleno en cada gallina.
e) Combine el condimento para aves , la sal y el aceite en un tazón o taza pequeña y frote bien cada gallina.
f) Coloque las aves en las 1-1/2 tazas restantes de néctar en el fondo de una fuente para asar grande.
g) Ase durante 30 minutos, luego rocíe con miel y ase durante otros 30 minutos, o hasta que la piel esté dorada.
h) Sirva la grasa a un lado.

80. Lasaña de pure de calabaza

Rinde: 12 porciones

INGREDIENTES:
- 9 fideos de lasaña , cocidos
- 5 tazas de puré de papas tibio y sazonado,
- 2 paquetes (12 onzas) de calabaza
- 1 1/2 tazas de queso ricota
- 1 cucharadita de cebolla en polvo
- 1/2 cucharadita de nuez moscada
- 1 cucharadita de sal
- 1/2 cucharadita de pimienta negra
- 1 taza de cebollas fritas

INSTRUCCIONES :
a) Precalienta el horno a 350°F.
b) Con aceite en aerosol, cubra una fuente para hornear de 9 x 13 pulgadas.
c) Mezcle las papas, la calabaza, el queso ricotta, la cebolla en polvo, la nuez moscada, la sal y la pimienta negra en un recipiente grande para mezclar.
d) Coloque 3 fideos en el fondo de la fuente para hornear que ha preparado.
Unte 1/3 de la mezcla de papa sobre los fideos. R epita las capas dos veces más.
e) Hornea por 45 minutos con papel de aluminio encima; retire el papel de aluminio y hornee por otros 8 a 10 minutos, o hasta que se dore y esté completamente caliente.

81. cazuela de judías verdes

Marcas: 4 Porciones

INGREDIENTES:
- 1 bolsa (16 onzas) de judías verdes, descongeladas
- 3 cucharadas de harina
- 1 3/4 tazas de leche
- 1 paquete (8 onzas) de champiñones, rebanados
- 1/2 cucharadita de sal
- 1/4 cucharadita de pimienta negra
- 1/4 taza de queso gorgonzola desmenuzado
- 1/2 taza de cebollas fritas

INSTRUCCIONES :
a) Precalienta el horno a 350°F.
b) Con aceite en aerosol, cubra una fuente para hornear de 2 cuartos.
c) Coloca las judías verdes en la fuente para horno.
d) En una cacerola mediana, mezcle la harina y la leche.
e) Agrega los champiñones, la sal y la pimienta; lleve a fuego lento y cocine, revolviendo con frecuencia, durante 4 a 5 minutos, o hasta que la salsa espese.
f) Agrega el queso y luego vierte sobre las judías verdes. Revuelve suavemente los frijoles.
g) Cocine por 15 minutos.
h) Retirar del horno, cubrir con cebollas fritas y hornear por otros 10 a 15 minutos, o hasta que burbujee.

82.Sopa de invierno con chirivías

Rinde: 4-6 porciones

INGREDIENTES:
- 1 ½ taza de cebolla amarilla – en rodajas finas
- 1 taza de apio – en rodajas finas
- 16 onzas de caldo de verduras
- 3 tazas de espinacas tiernas
- 4 tazas de chirivías cortadas en cubitos , peladas y cortadas en cubitos
- 1 cucharada de aceite de coco
- ½ taza de leche de coco

INSTRUCCIONES :
a) Calienta el aceite en una sartén grande a fuego medio y cocina la cebolla y el apio .
b) Agrega las chirivías y el caldo y deja hervir.
c) R eduzca el fuego a bajo y cubra durante 20 minutos.
d) Agregue las espinacas, revuelva bien para combinar, retire del fuego y haga puré la sopa en tandas pequeñas en una licuadora hasta que quede suave.
e) Agrega la leche de coco y sirve inmediatamente.

83. Roulade Con Espinacas Y Champiñones

Hace: 3 Porciones
INGREDIENTES:
- 1 taza + 1 cucharada de aceite vegetal, dividido
- 1 taza de cebollas, finamente picadas
- 1 taza de champiñones marrones, finamente picados
- 3 pechugas de pollo, deshuesadas y sin piel
- 3 cucharaditas de pimienta negra, cantidad dividida
- 3 cucharaditas de sal, divididas
- 3 cucharaditas de condimento italiano, cantidad dividida
- 1 taza de espinacas tiernas, picadas y divididas
- 2 huevos batidos
- 1-2 tazas de pan rallado panko
- 3 cucharadas de salsa Alfredo cremosa

INSTRUCCIONES :

a) En una sartén, calienta 1 cucharada de aceite a fuego medio-alto. Agregue las cebollas y los champiñones. Cocine durante 2-3 minutos, revolviendo con frecuencia.

b) Agregue 1 cucharadita de pimienta negra, sal y condimento italiano en ambos lados de cada pechuga de pollo.

c) Con un rodillo, aplana suavemente las pechugas de pollo.

d) En una hoja nueva de plástico, coloque una pechuga de pollo. Encima de la pechuga de pollo, espolvoree 13 tazas de espinacas tiernas.

e) Reserve 1-2 cucharaditas de la mezcla de champiñones y cebolla, luego cubra con un tercio de la mezcla restante de champiñones y cebolla.

f) Enrolle bien el pollo formando un tronco y séllelo con una envoltura de plástico.

g) Coloque los rollitos de pollo en el refrigerador durante 30 a 60 minutos para que se enfríen.

h) Retire el film transparente de los rollitos de pollo y déjelos a un lado.

i) Vierta los huevos en un plato poco profundo y el pan rallado panko en el otro. Cada rollo de pollo se debe mojar en huevos batidos.

j) Finalmente, enrollar en el panko y cubrir completamente.

k) En una olla a fuego medio, calienta 1 taza de aceite durante 3-4 minutos. Fríe los rollitos de pollo empanizados durante unos 5 minutos por cada lado o hasta que estén dorados.

l) Retira los rollitos de pollo del horno y cúbrelos con la cremosa salsa Alfredo.

84. Curry de calabaza, garbanzos y coco

Rinde: 4-6 porciones

INGREDIENTES:
- 2 cucharadas de aceite de oliva
- ½ taza de cebolla, picada
- 3 dientes de ajo, prensados o picados
- 1 cucharada de jengibre rallado
- 2 y ½ tazas de calabaza, pelada y cortada en cubitos
- 2 y ½ cucharadas de pasta de curry rojo
- 1 - 14 onzas lata de leche de coco
- 2 tazas de brócoli, cortado en floretes
- 1 taza de garbanzos enlatados
- ½ taza de anacardos, sin sal
- 1 cucharada de jugo de lima
- ¼ de taza de cilantro, picado

INSTRUCCIONES :
a) En una olla grande, calienta el aceite a fuego medio. Agrega la cebolla, el jengibre y el ajo. Saltee por un minuto más, o hasta que las cebollas estén tiernas, transparentes y fragantes.
b) Agrega la pasta de curry y la calabaza. Cocine por un minuto más.
c) Llevar a ebullición y agregar la leche de coco. Reduzca el fuego a bajo y cubra. Cocine durante 15 minutos a fuego lento.
d) Agrega el brócoli y continúa cocinando, sin tapar, por otros 5 minutos.
e) Agregue los garbanzos, los anacardos y el jugo de lima y revuelva para combinar.
f) Adorne con cilantro antes de servir.

POSTRE

85. Postre de duraznos

Rinde: 8 a 10 porciones

INGREDIENTES:
- Aceite vegetal, para engrasar
- ¼ de taza de harina para todo uso
- ½ taza de agua
- 2 latas (14,5 onzas) de duraznos en rodajas en almíbar espeso
- ¾ taza de azúcar granulada
- ½ taza (1 barra) de mantequilla salada
- 1 cucharada de extracto de vainilla
- 1½ cucharaditas de canela molida
- ½ cucharadita de jengibre molido
- ¼ cucharadita de nuez moscada molida
- 2 masas de pastel refrigeradas compradas en la tienda

INSTRUCCIONES

a)   Precaliente el horno a 350 grados F. Engrase ligeramente una fuente para hornear de 8 por 11 pulgadas o una fuente para hornear ovalada.

b)   En una taza medidora de líquidos, agregue la harina y el agua y mezcle. Poner a un lado.

c)   En una cacerola mediana a fuego medio-alto, agrega los duraznos, el azúcar, la mantequilla, la vainilla, la canela, el jengibre y la nuez moscada. Revuelve los ingredientes y deja que la mantequilla se derrita por completo. Luego, vierte la mezcla de agua y harina. Revuelva y cocine por 5 minutos más.

d)   Extienda una de las masas para pastel y córtela en cuadrados de 2 pulgadas. Coloque los cuadrados en la fuente para hornear y luego vierta el relleno de zapatero. Estire la masa del segundo pastel. Cubra el zapatero con la masa restante.

e)   Cepille los restos del relleno de zapatero de la olla encima del zapatero. Hornea el zapatero durante 35 a 40 minutos. Deje enfriar un poco antes de servir.

86. Pastel de terciopelo rojo

Rinde: 10 a 12 porciones

INGREDIENTES:
- 2½ tazas de harina para todo uso
- 2 cucharaditas de cacao en polvo sin azúcar
- 1 cucharadita de sal kosher
- 1 cucharadita de bicarbonato de sodio
- 2 huevos, a temperatura ambiente
- 1½ tazas de azúcar granulada
- 1½ tazas de aceite vegetal
- 1 taza de suero de leche, a temperatura ambiente
- 1½ cucharaditas de extracto de vainilla
- 1 cucharadita de vinagre blanco destilado
- 1 onza de colorante alimentario rojo

PARA EL HELADO:
- 16 onzas de queso crema, ablandado
- 1 taza (2 barras) de mantequilla sin sal, ablandada
- 8 tazas de azúcar en polvo
- 1 cucharada de leche entera
- 2 cucharaditas de extracto de vainilla

INSTRUCCIONES

a) Precaliente el horno a 325 grados F. Rocíe dos moldes para pasteles de 9 pulgadas con spray para hornear, o engrase y enharine.

b) En un tazón grande, combine la harina, el cacao en polvo, la sal y el bicarbonato de sodio y tamice o mezcle.

c) En un tazón mediano, abre los huevos y bátelos con un batidor. Vierta el azúcar, el aceite, el suero de leche y la vainilla en el bol y mezcle con una batidora de mano a velocidad baja hasta que todo esté bien y cremoso.

d) Combine lentamente los ingredientes húmedos con los ingredientes secos en el tazón grande. ¡Asegúrate de mezclar a baja velocidad! Una vez que todo esté combinado, pase de mezclar la masa del pastel con la batidora de mano a doblarla con una espátula. A continuación, añade el vinagre y el colorante rojo. Doble hasta que toda la masa del pastel esté roja y no queden rayas.

e) Vierta una cantidad igual de masa para pastel en cada molde para pastel. Agite y golpee los moldes para liberar las burbujas de aire, luego déjelos reposar durante 5 minutos. Hornea los pasteles durante 25 a 30 minutos. Retire los pasteles de los moldes para pasteles y colóquelos en rejillas para enfriar.

f) Mientras los pasteles se enfrían, prepara el glaseado. En un tazón grande, combine el queso crema y la mantequilla. Batir los dos ingredientes con una batidora de mano y luego agregar lentamente el azúcar en polvo, 1 taza a la vez. Agregue la leche y la vainilla y mezcle hasta que el glaseado esté agradable y cremoso. Una vez que los pasteles estén completamente fríos, glasealos.

87. Budín De Pan Con Salsa De Ron

Rinde: 8 a 10 porciones

INGREDIENTES:
- Aceite vegetal, para engrasar
- 3 tazas mitad y mitad
- ½ taza de azúcar granulada
- ½ taza de azúcar moreno
- 5 huevos, ligeramente batidos
- 1 cucharada de extracto de vainilla
- 1½ cucharaditas de canela molida
- ½ cucharadita de nuez moscada molida
- 1 barra (16 onzas) de pan francés del día anterior, en cubos

PARA LA SALSA DE RON :
- 1 taza de crema espesa
- 4 cucharadas de mantequilla sin sal
- ½ taza de azúcar en polvo
- 1 cucharada de harina para todo uso
- 2 cucharaditas de extracto de ron

INSTRUCCIONES

a) Precaliente el horno a 350 grados F. Engrase ligeramente una fuente para hornear de 9 por 13 pulgadas.

b) En un tazón grande, combine la mitad y la mitad, los azúcares, los huevos, la vainilla, la canela y la nuez moscada y mezcle hasta que estén bien combinados, luego reserve.

c) En el plato preparado, extienda el pan en cubos de manera uniforme, vierta la mezcla de huevo sobre el pan y déjelo reposar durante unos 25 minutos. Hornee en el horno, descubierto, durante 45 a 50 minutos. Retirar del horno, luego dejar enfriar.

d) Para hacer la salsa, vierte la crema espesa en una cacerola grande a fuego medio. Agrega la mantequilla, el azúcar glass y la harina. Cocine durante unos 5 minutos o hasta que la salsa espese. Agrega el extracto de ron y luego apaga el fuego. Revuelva y luego vierta la salsa sobre el budín de pan. ¡Servir y disfrutar!

88.Zapatero de frutos rojos mixtos con galletas de azúcar

Rinde: 10 porciones
INGREDIENTES:
- Aceite vegetal, para engrasar
- 2 tazas de fresas frescas, cortadas en rodajas
- 2 tazas de moras frescas
- 2 tazas de arándanos frescos
- 1 taza de azúcar granulada
- ¾ taza de agua
- 2 cucharadas de mantequilla sin sal
- 1 cucharada de extracto de vainilla
- 3 cucharadas de maicena

PARA LA ADORNO DE GALLETAS:
- 2 tazas de harina para todo uso
- ¼ taza de azúcar granulada
- 3 cucharadas de polvo para hornear
- ½ cucharadita de sal kosher
- ¾ taza de suero de leche
- 5 cucharadas de mantequilla fría sin sal, rallada
- 2 cucharaditas de extracto de vainilla
- 2 cucharadas de mantequilla sin sal derretida
- 2 cucharadas de azúcar gruesa

INSTRUCCIONES

a) Precaliente el horno a 375 grados F. Engrase ligeramente una fuente para hornear de 9 por 13 pulgadas.

b) En una olla grande a fuego medio, combine las bayas con el azúcar, el agua, la mantequilla y la vainilla. Cuando comiencen a formarse burbujas, saque aproximadamente ¼ de taza de líquido de la olla.

c) En un tazón pequeño, combine ¼ de taza de líquido caliente con la maicena y mezcle hasta que no queden grumos. Vierta la mezcla de maicena nuevamente en la olla con las bayas y revuelva. Cocine hasta que todo espese, luego vierta la mezcla de frutas en la fuente para hornear. Dejar de lado.

d) Para la cobertura de galleta, en un tazón grande, combine la harina, el azúcar, el polvo para hornear y la sal. Batir hasta que esté bien combinado. Agregue el suero de leche, la mantequilla rallada y la vainilla. Mezcla los ingredientes. Saque la mezcla de galletas y colóquela encima del relleno de frutos rojos.

e) Unte las galletas con mantequilla derretida y luego espolvoree azúcar gruesa. Hornee en el horno, descubierto, durante 30 a 35 minutos. Retirar del horno y dejar enfriar. Servir con o sin helado.

89.Barras de limón fáciles

Rinde: 12 porciones

INGREDIENTES:
PARA EL PAN CORTO:
- 1¾ tazas de harina para todo uso
- ½ taza de azúcar granulada
- ¼ taza de maicena
- ½ cucharadita de nuez moscada molida
- ¼ de cucharadita de sal kosher
- 1 taza (2 barras) de mantequilla sin sal, ablandada
- **PARA EL LLENADO:**
- 1½ tazas de azúcar granulada
- ¼ de taza de harina para todo uso
- 4 huevos, ligeramente batidos
- ½ taza de jugo de limón recién exprimido (de aproximadamente 3 limones grandes)
- 2 cucharaditas de ralladura de limón
- Azúcar en polvo, para espolvorear

INSTRUCCIONES
a) Precaliente el horno a 350 grados F. Cubra un molde para hornear de 9 por 13 pulgadas con papel pergamino y rocíe con aceite en aerosol antiadherente.
b) En un tazón grande, mezcle la harina, el azúcar, la maicena, la nuez moscada y la sal. Agregue la mantequilla a la mezcla de harina y mezcle con un tenedor hasta que se desmorone.
c) Coloque la mezcla en el molde para hornear preparado y presiónela hacia abajo hasta formar una capa uniforme. Hornea la base de mantequilla durante 20 a 25 minutos, o hasta que se dore ligeramente. Retirar del horno y reservar.
d) Para hacer el relleno de limón, en un tazón grande, bata el azúcar y la harina hasta que estén bien combinados. Agrega los huevos, el jugo de limón y la ralladura de limón y mezcla bien. Vierta el relleno de limón sobre las galletas de mantequilla.
e) Hornea de 20 a 22 minutos, hasta que cuaje el relleno de limón. Retirar del horno y dejar enfriar a temperatura ambiente antes de colocarlo en el refrigerador durante 2 horas. Tamizamos un poco de azúcar glass por encima antes de servir.

90. Barras de natillas de huevo

Rinde: 12 porciones

INGREDIENTES:
PARA LA CORTEZA:
- Aceite vegetal, para engrasar
- 1 paquete de obleas de vainilla trituradas
- 1 taza (2 barras) de mantequilla sin sal, ablandada
- ¾ taza de azúcar granulada

PARA LAS NATILLAS:
- 4 tazas de leche evaporada, dividida
- 6 huevos, ligeramente batidos
- ⅔ taza de azúcar granulada
- 2 cucharadas de harina para todo uso
- 1 cucharadita de extracto de vainilla
- ¼ cucharadita de nuez moscada molida

INSTRUCCIONES

a) Precaliente el horno a 325 grados F. Engrase ligeramente una fuente para hornear de 9 por 13 pulgadas.

b) En un tazón grande, agregue las obleas de vainilla trituradas, la mantequilla y el azúcar. Mezcla los ingredientes hasta que estén bien combinados y parezcan arena húmeda.

c) Espolvoree la mezcla de oblea de vainilla en la fuente para hornear, presionando uniformemente en el fondo de la fuente. Poner a un lado.

d) En una cacerola grande a fuego medio, calienta 3 tazas de leche evaporada. Cocine hasta que se formen burbujas, luego apague el fuego.

e) En un tazón mediano, combine la 1 taza de leche evaporada restante con los huevos, el azúcar, la harina, la vainilla y la nuez moscada. Mezclar hasta que esté bien combinado. Vierte lentamente la mezcla de huevo en la cacerola con la leche caliente. Batir bien.

f) Vierta la mezcla de natillas en la fuente para hornear, sobre la corteza de oblea de vainilla. Hornee en el horno durante 45 a 50 minutos, o hasta que la crema esté firme. Retirar del horno y dejar enfriar antes de servir.

91. Pastel de camote

Rinde: 10 a 12 porciones

INGREDIENTES:
PARA LA CORTEZA:
- Aceite vegetal, para engrasar
- 1¼ tazas de harina para todo uso
- ¼ taza de mantequilla fría con sal, cortada en cubitos o rallada
- ¼ de taza de manteca vegetal con sabor a mantequilla
- 2 cucharadas de azúcar granulada
- 1 cucharadita de extracto de vainilla
- ½ cucharadita de sal kosher
- 1½ cucharadas de agua helada

PARA EL LLENADO:
- 3 batatas medianas, peladas y picadas
- 1 taza de azúcar granulada
- 1 cucharadita de canela molida
- ½ cucharadita de nuez moscada molida
- ¼ de cucharadita de jengibre molido
- 2 huevos
- ½ taza de leche evaporada
- 1 cucharada de extracto de vainilla
- 1 taza (2 barras) de mantequilla salada, ablandada

INSTRUCCIONES

a) Precaliente el horno a 325 grados F. Engrase ligeramente un molde para pastel de 9 pulgadas.

b) En un tazón grande, combine la harina, la mantequilla, la manteca vegetal, el azúcar, la vainilla, la sal y el agua helada. Mezcla los ingredientes hasta que se forme una masa, luego envuélvela con film transparente y guarda la masa en el refrigerador durante 1 a 2 horas.

c) En una olla mediana a fuego alto, agrega las batatas y aproximadamente de 4 a 6 tazas de agua. Hervir las patatas hasta que estén tiernas. Una vez que las patatas estén cocidas, escurrir el agua y dejar enfriar las patatas.

d) Mezcle las batatas enfriadas en un tazón grande y bata hasta que estén bien cremosas. Espolvorea el azúcar, la canela, la nuez moscada y el jengibre. Mezcla los ingredientes. Luego agrega los huevos, la leche evaporada, la vainilla y la mantequilla. Batir hasta que la mezcla esté cremosa y aireada. Deja el tazón a un lado.

e) Retire la masa del frigorífico, enharine una superficie plana y extienda la masa. Colóquelo en el molde para pastel y hornee la base del pastel durante 7 a 10 minutos.

f) Retire la cáscara del horno, luego suba el fuego a 350 grados F. Agregue el relleno de camote a la base del pastel y alíselo. Hornea el pastel durante 45 a 50 minutos, hasta que el relleno esté cuajado. Deje que el pastel se enfríe a temperatura ambiente antes de servir.

92. Pastel de suero de leche a la antigua usanza

Rinde: 10 a 12 porciones

INGREDIENTES:
- Aceite vegetal, para engrasar
- 3 huevos
- 1¼ tazas de azúcar granulada
- ½ taza de mantequilla sin sal, derretida
- 4 cucharadas de harina para todo uso
- 1 taza de suero de leche
- 1 cucharada de jugo de limón
- 2 cucharaditas de extracto de vainilla
- ⅛ cucharadita de nuez moscada molida
- 1 base de pastel refrigerada (9 pulgadas) comprada en la tienda

INSTRUCCIONES

a) Precaliente el horno a 325 grados F. Engrase ligeramente un molde para pastel de 9 pulgadas.

b) En un tazón grande, bata los huevos. Agrega el azúcar, la mantequilla y la harina. Mezclar hasta que todo esté bien incorporado. Vierta el suero de leche y revuelva. Agrega el jugo de limón, la vainilla y la nuez moscada. Mezclar hasta que todo esté bien y cremoso.

c) Vierta la mezcla en la base del pastel, colóquela en el molde para pastel y hornee en el horno durante 1 hora y 10 minutos, o hasta que el relleno esté listo. Deje enfriar por completo, durante unos 45 minutos, antes de cortar y servir.

93. Pastel de chocolate con suero de leche

Rinde: 12 porciones
INGREDIENTES:
- ½ taza de aceite vegetal, y más para engrasar
- 2 tazas de harina para todo uso, y más para enharinar
- ¾ taza de cacao en polvo sin azúcar
- 2 cucharaditas de polvo de hornear
- 1½ cucharaditas de bicarbonato de sodio
- 1 cucharadita de sal kosher
- 2 tazas de azúcar granulada
- 1 taza de suero de leche entero
- 2 huevos grandes
- 1 cucharada de extracto de vainilla
- 1 taza de café caliente

PARA EL HELADO:
- 1½ tazas (3 barras) de mantequilla sin sal, a temperatura ambiente
- 5 tazas de azúcar en polvo
- 1 taza de cacao en polvo sin azúcar
- ¼ de taza de café, a temperatura ambiente
- ¼ de taza mitad y mitad
- 2 cucharaditas de extracto de vainilla

INSTRUCCIONES

a) Precaliente el horno a 350 grados F. Engrase y enharine ligeramente una fuente para hornear de 9 por 13 pulgadas.

b) Tamiza la harina en un bol grande junto con el cacao en polvo, la levadura en polvo, el bicarbonato de sodio y la sal. Vierta el azúcar, el suero de leche, el aceite, los huevos y la vainilla. Mezclar los ingredientes con una batidora de mano a velocidad media. Comience a agregar lentamente el café. Mezclar a velocidad baja hasta que los ingredientes estén bien combinados.

c) Vierta la masa del pastel en la fuente para hornear preparada y hornee el pastel durante 30 a 35 minutos (o hasta que esté listo). Retirar el bizcocho del horno y dejar enfriar.

d) Mientras el bizcocho se enfría, prepara el glaseado. Batir la mantequilla con una batidora de mano a velocidad media. Baja la batidora a velocidad baja y añade poco a poco el azúcar y el cacao en polvo. Mezclar hasta que esté bien combinado.

e) Vierta el café y la mitad y mitad y mezcle hasta que quede suave y suave. Luego, agregue la vainilla y continúe mezclando hasta que el glaseado esté agradable y cremoso. Una vez que el pastel esté completamente frío, glasea el pastel.

94. Bizcocho de limón y coco

Rinde: 10 porciones
INGREDIENTES:
- Aceite vegetal, para engrasar
- 3 tazas de harina para todo uso, y más para enharinar
- 1 libra (4 barras) de mantequilla salada, a temperatura ambiente
- 8 onzas de queso crema, a temperatura ambiente
- 3 tazas de azúcar granulada
- 6 huevos
- 4 onzas de mezcla instantánea para pudín de limón
- ¼ taza de coco rallado endulzado
- 3 cucharadas de jugo de limón
- Ralladura de 2 limones grandes
- 2½ cucharaditas de extracto de coco
- 2 cucharaditas de extracto de vainilla

PARA EL GLASEADO:
- 1½ tazas de azúcar en polvo
- 3 a 4 cucharadas de jugo de limón
- 1 cucharadita de extracto de coco

INSTRUCCIONES

a) Precalienta el horno a 325 grados F. Engrasa y enharina un molde Bundt.

b) En una batidora de pie o en un tazón grande con batidora de mano, bata la mantequilla y el queso crema a velocidad media durante aproximadamente 2 a 3 minutos. Agrega el azúcar y comienza a agregar los huevos. Mezcle a velocidad media hasta que esté bien combinado.

c) Agregue lentamente la harina, poco a poco. Luego agregue la mezcla para pudín, el coco rallado, el jugo y la ralladura de limón, el extracto de coco y la vainilla. Mezcla la masa a velocidad media hasta que esté cremosa.

d) Vierta la masa del pastel en el molde preparado. Hornee por 1 hora y 25 minutos, o hasta que esté cocido. Retira el bizcocho del horno y déjalo enfriar antes de sacarlo del molde.

e) Mientras el bizcocho se enfría, prepara el glaseado. En un tazón mediano, combine el azúcar en polvo, el jugo de limón y el extracto de coco y mezcle con un batidor hasta que no queden grumos. Rocíe el glaseado por todo el pastel y luego déjelo reposar durante 5 minutos antes de servir.

95.Bizcocho de batata

Rinde: 16 porciones

INGREDIENTES:
- 6 huevos a temperatura ambiente
- 1 taza de azúcar granulada
- 1 taza más 1 cucharada de harina para todo uso
- ½ cucharadita de polvo para hornear
- ¼ de cucharadita de sal kosher
- 3 cucharadas de puré de batatas
- 1 cucharadita de extracto de vainilla

INSTRUCCIONES

a) Precaliente el horno a 350 grados F. Rocíe dos moldes para pasteles de 9 pulgadas con spray para hornear, o engrase y enharine.

b) En un tazón grande, bata los huevos con una batidora de mano a velocidad alta durante 1 a 2 minutos. Comience a agregar lentamente el azúcar y continúe batiendo los huevos hasta que espesen y estén bien esponjosos, aproximadamente 5 minutos.

c) En un tazón mediano, combine la harina, el polvo para hornear y la sal. Batir hasta que esté bien incorporado. Deja el tazón a un lado.

d) Agrega el puré de batatas y la vainilla al bol con los huevos esponjosos y revuelve, luego espolvorea la mezcla de harina. Doble lentamente los ingredientes hasta que estén bien incorporados, pero no mezcle demasiado.

e) Vierta la masa para pastel de manera uniforme en cada molde para pastel. Hornee durante 25 a 30 minutos. Retirar del horno y colocar los moldes boca abajo sobre rejillas. Deje enfriar durante 5 minutos antes de sacar los pasteles de los moldes, luego deje que los pasteles se enfríen por completo antes de servir.

96.Pastel Bundt De Praliné

Rinde: 12 porciones

INGREDIENTES:
- 3 tazas de harina para todo uso
- 1 cucharadita de bicarbonato de sodio
- 1 cucharadita de sal kosher
- 1½ tazas de azúcar moreno
- 1½ tazas de azúcar granulada
- 1½ tazas (3 barras) de mantequilla sin sal, a temperatura ambiente
- 5 huevos grandes
- 1 taza de suero de leche
- 1 cucharada de extracto de vainilla

PARA EL GUISADO:
- 5 cucharadas de mantequilla sin sal
- 1 taza de azúcar moreno
- 1¼ tazas de azúcar en polvo
- ¼ taza de leche evaporada
- 1 cucharadita de extracto de vainilla
- 1 taza de nueces picadas

INSTRUCCIONES

a) Precaliente el horno a 325 grados F. Rocíe un molde Bundt grande con aceite en aerosol antiadherente.

b) En un tazón grande, tamice la harina, el bicarbonato de sodio y la sal. Poner a un lado.

c) En un tazón grande aparte, combine los azúcares y la mantequilla sin sal. Mezcle hasta que esté suave y cremoso, luego comience a agregar los huevos uno a la vez. Mezclar hasta que esté bien combinado.

d) Agregue alternativamente el suero de leche y los ingredientes secos al tazón con la mezcla de mantequilla y huevo hasta que todo esté integrado. Asegúrese de mezclar a velocidad baja. Luego, agregue la vainilla e incorpórela a la masa.

e) Vierta la masa del pastel en el molde preparado y agite para eliminar las bolsas de aire. Hornea el bizcocho durante 1 hora a 1 hora y 15 minutos, hasta que esté dorado. Retirar del horno y dejar enfriar en el molde durante 20 minutos antes de sacar el pastel del molde.

f) Para hacer el glaseado, derrita la mantequilla en una cacerola mediana a fuego medio-alto. Agrega el azúcar moreno y el azúcar en polvo. Vierta la leche evaporada y revuelva. Deje burbujear durante 2 minutos, luego apague el fuego. Agrega la vainilla y espolvorea las nueces. Incorpora los ingredientes y luego déjalo reposar durante 20 minutos.

g) Vierta el glaseado de nueces por todo el pastel y déjelo reposar durante al menos 30 minutos antes de servir.

97. Cheesecake de piña al revés

Rinde: 12 porciones

INGREDIENTES:
PARA LAS TORTAS:
- ⅓ taza de aceite vegetal, y más para engrasar
- 4 cucharadas de mantequilla sin sal, derretida
- ½ taza de azúcar moreno oscuro
- 1 lata (20 onzas) de aros de piña, en jugo
- 10 a 12 cerezas marrasquino
- 1 paquete (15,25 onzas) de mezcla para pastel amarillo
- 1 taza de piña triturada
- 3 huevos grandes, ligeramente batidos

PARA EL LLENADO:
- 24 onzas de queso crema, ablandado
- 1 taza de azúcar en polvo
- ¼ taza de crema agria
- 3 huevos
- 2 cucharadas de harina para todo uso
- 1 cucharada de extracto de vainilla
- 1 cucharada de jugo de piña

INSTRUCCIONES

a) desmontables de 8 pulgadas . Reserva uno y agrega la mantequilla derretida y el azúcar moreno al otro. Agrega los aros de piña al fondo de la sartén, luego agrega las cerezas al marrasquino en el centro de los aros de piña. Coloque el molde desmontable a un lado.

b) Vacíe la mezcla para pastel en un tazón grande y retire los grumos. Agrega la piña triturada, el aceite vegetal y los huevos. Mezclar hasta que esté bien combinado.

c) Divide la masa y vierte la mitad sobre la mezcla de piña, cereza y azúcar moreno. Vierta la masa restante en el segundo molde desmontable . Hornea los pasteles durante 25 a 30 minutos, o hasta que estén cocidos. Deja enfriar los pasteles.

d) En un tazón grande, combine el queso crema, el azúcar en polvo y la crema agria. Mezcle hasta que esté suave y cremoso, luego comience a agregar los huevos. Agrega la harina, la vainilla y el jugo de piña. Mezclar hasta que esté bien combinado.

e) Vierta el relleno de tarta de queso sobre los pasteles en los moldes desmontables . Envuelva el fondo de los moldes con papel de aluminio y colóquelos en una fuente para asar. Cree un baño de agua vertiendo aproximadamente de 2 a 3 pulgadas de agua caliente en la fuente para asar.

f) Coloca los bizcochos en el horno y hornea durante 1 hora a 1 hora y 15 minutos, hasta que el relleno esté cuajado.

g) Coloca el bizcocho con las piñas y las cerezas encima de la capa de tarta de queso. Deje reposar durante 10 minutos antes de servir.

98. Arroz con leche

Rinde: 4 a 6 porciones

INGREDIENTES:
- 2 tazas mitad y mitad, divididas
- 1½ tazas de arroz cocido
- 2 cucharadas de mantequilla sin sal
- 1 huevo
- ⅓ taza de azúcar granulada
- 2 cucharaditas de extracto de vainilla
- ½ cucharadita de canela molida
- ½ cucharadita de sal kosher
- ¼ cucharadita de nuez moscada molida
- ¼ taza de pasas

INSTRUCCIONES

a) En una cacerola mediana a fuego medio, combine 1½ tazas de mitad y mitad con el arroz cocido y la mantequilla. Revuelva los ingredientes y cocine a fuego lento durante 15 minutos.

b) Mientras se cocina, combine la mitad y mitad restante con el huevo, el azúcar, la vainilla, la canela, la sal y la nuez moscada en un tazón mediano. Mezclar hasta que esté bien combinado.

c) Después de que la mezcla de arroz se haya cocinado durante 15 minutos, vierte la mezcla de huevo y las pasas y revuelve. Cocine a fuego medio durante 5 minutos. Apague el fuego y revuelva los ingredientes. Servir tibio o frío.

99. Familia   Pudín de plátano

Rinde: 8 a 10 porciones

INGREDIENTES:
- 1 taza de azúcar granulada
- ⅓ taza de maicena
- ½ cucharadita de sal kosher
- ¼ cucharadita de nuez moscada molida
- 3 tazas de leche entera
- 3 huevos
- 2 cucharaditas de extracto de vainilla
- 1½ tazas de crema espesa
- ⅔ taza de azúcar glass, tamizada
- 4 plátanos grandes maduros
- 1 caja (11 onzas) de obleas de vainilla
- 1 paquete de galletas de ajedrez

INSTRUCCIONES

a) En una cacerola grande, combine el azúcar, la maicena, la sal y la nuez moscada. Tamiza o revuelve los ingredientes, luego vierte la leche y revuelve hasta que estén bien combinados. Coloca la sartén a fuego medio y cocina por unos 15 minutos. Revuelva continuamente. Reduzca el fuego a bajo y saque aproximadamente ½ taza de la mezcla de leche caliente.

b) En un bol grande batir los huevos. Vierta lentamente ½ taza de la mezcla de leche caliente y continúe revolviendo. Al hacer esto, poco a poco estás calentando los huevos y esto evita que se cocinen cuando los agregas a la cacerola.

c) Regrese a la estufa y vuelva a poner el fuego a medio. Revuelve la mezcla de leche caliente y agrega la mezcla de huevo a la cacerola. Revuelve continuamente y agrega la vainilla. Revuelva y cocine por 2 minutos más. Retirar del fuego y dejar reposar durante 2 minutos. Vierta el pudín caliente en un recipiente resistente al calor.

d) Una vez que el pudín se haya enfriado un poco, cúbrelo con film transparente. Asegúrate de que la envoltura de plástico toque el pudín. Esto evita que el pudín forme una película encima. Deja reposar el pudín hasta que alcance la temperatura ambiente.

e) Mientras el pudín se enfría, prepara la nata montada. Vierta la crema espesa en un tazón mediano y espolvoree el azúcar en polvo. Mezcla los ingredientes con una batidora de mano a velocidad alta hasta que se convierta en crema batida. Deja el tazón a un lado.

f) Una vez que el pudín haya alcanzado la temperatura ambiente, corta los plátanos en rodajas.

g) En una fuente para hornear de 9 por 13 pulgadas, agregue algunas obleas de vainilla y rodajas de plátano en el fondo, luego agregue la mitad del pudín encima. Alise la capa de pudín y luego agregue otra capa de galletas y plátanos. Agrega la última capa de pudín, luego agrega la crema batida. Cubra el pudín con las galletas Chessmen y sirva. Cubra y refrigere las sobras.

100.Pastel de cangrejo, camarones y langosta

Rinde: 6 porciones

INGREDIENTES:
- 3 cucharadas de aceite de oliva virgen extra
- 2 papas rojas medianas, peladas y cortadas en cubitos
- ½ cebolla morada mediana, picada
- 1½ tazas de guisantes y zanahorias congelados, descongelados
- ½ taza de mantequilla salada
- ½ taza de harina para todo uso
- 1½ tazas de caldo de mariscos
- 1 taza de leche entera
- 1 taza de carne de cangrejo en trozos
- 1 taza de carne de langosta
- 1 taza de camarones crudos medianos, pelados y desvenados
- 2½ cucharaditas de condimento criollo
- 2 masas de pastel refrigeradas compradas en la tienda
- 1 huevo batido
- 1 cucharada de agua

INSTRUCCIONES

a) Precaliente el horno a 425 grados F.

b) En una sartén mediana a fuego medio, agrega el aceite. Una vez que el aceite esté caliente, agregue las patatas y cocine hasta que estén tiernas. Agregue las cebollas y cocine por 5 minutos antes de agregar los guisantes y las zanahorias. Cocine por 3 minutos más, luego apague el fuego y reserve.

c) En una cacerola grande a fuego medio, derrita la mantequilla y luego espolvoree la harina. Cocine durante unos 3 a 4 minutos. Incorpora el caldo de mariscos y la leche. Agrega las verduras, los mariscos y el condimento criollo y revuelve suavemente.

d) Coloque 1 base de pastel en el fondo de un molde para pastel hondo, luego vierta el relleno de mariscos en la base del pastel. Coloque la segunda base de pastel encima de la mezcla de mariscos y pellizca los lados de la base para sellar.

e) En un tazón pequeño, mezcle el huevo batido y el agua, luego unte la parte superior del pastel con la mezcla. Hornea el pastel durante 30 minutos, sin tapar. Deje enfriar un poco antes de servir.

f) Pastel de cangrejo, camarones y langosta

CONCLUSIÓN

Al concluir nuestro viaje culinario a través de "LA COCINA ANTIGUA", espero que su cocina se haya convertido en un lugar donde la tradición y la innovación se fusionan, donde los aromas del pasado infunden a cada plato un sentido de historia. Este libro de cocina es más que una colección de recetas; es una celebración de la resistencia y la riqueza que los ingredientes tradicionales aportan a nuestras mesas.

Gracias por acompañarme en revivir la tradición a través de estos 100 platos ricos y sabrosos. Que tu cocina siga siendo un lienzo para la exploración culinaria, donde el legado del gusto trascienda el tiempo. Mientras saboreas los últimos bocados de estos platos, recuerda que no sólo estás cocinando; estás preservando una herencia culinaria, una que puede transmitirse a las generaciones futuras.

Brindemos por el placer de cocinar con ingredientes consagrados, por las historias que se cuentan en cada cocción a fuego lento y salteado, y por las tradiciones que hacen de nuestras cocinas no solo espacios de nutrición sino también santuarios de la historia culinaria. ¡Feliz cocina!

www.ingramcontent.com/pod-product-compliance
Lightning Source LLC
Chambersburg PA
CBHW071322110526
44591CB00010B/983